中国汉字源流

董琨　著

商务印书馆国际有限公司

中国 · 北京

图书在版编目（CIP）数据

中国汉字源流 / 董琨著. — 北京 ：商务印书馆国际有限公司，2017.1（2025.9重印）
ISBN 978 - 7 - 5176 - 0336 - 8

Ⅰ.①中… Ⅱ.①董… Ⅲ.①汉字—汉语史—通俗读物 Ⅳ.①H12-49

中国版本图书馆 CIP 数据核字（2016）第 319138 号

ZHONGGUO HANZI YUANLIU

中国汉字源流

著　　者	董　琨
出版发行	商务印书馆国际有限公司
地　　址	北京市朝阳区吉庆里14号楼 佳汇国际中心A座12层
邮　　编	100020
电　　话	010-65592876（编校部） 010-65598498（市场营销部）
网　　址	www.cpi1993.com
印　　刷	北京中科印刷有限公司
开　　本	787mm × 1092mm　1/32
字　　数	120千字
印　　张	6.5
版　　次	2025年9月第1版第10次印刷
书　　号	ISBN 978-7-5176-0336-8
定　　价	35.00元

汉字与中华文化的继承和传播

汉字，作为中华文明的标志，已经有四五千年的历史，而且在高科技时代的今天依然使用，在世界上已有的全部文字中创造了独一无二的奇迹。

由于汉字尤其是早期汉字所具有的表意文字（也可称为“表词文字”）性质，古老的汉字承载了古代中华文化的丰富信息，以至于有前辈学者赞叹：“每一个汉字就是一部中国文化史。”例如最早成熟的汉字体系——甲骨文，其中的“天”字，形体就是一个正面直立的人形，头部较大，双手双足各自左右伸展，示意为“人的头顶上就是天”，但是同时也很自然地表达出“天就是人”的意思，中华文化的一个最主要理念“天人合一”，由此可以体现。再如，“和”字，从口从禾，说明当时的先民已有农耕，口中食用禾类作物，进而用此字表示音节的调和乃至世间万物的和谐，因此“和”的追求及其维护，也是中华文化的一个重要特质。这类体现中华文化特质的例子不胜枚举，所以我们说，汉字本身就是中华文化的一个有机组成部分。

但是，汉字更大的功劳在于它同时是中华文化最重要的载体，体现在可以使用书面语言表达的中华文化的方方面面。

我们知道，文化是人类与生俱来的创造，分为物质文化和精神文化两大部分。无论是精神文化还是物质文化，到一定程度，都必须有文字记载的支撑，才能更好地持续发展。缺乏文字的文化，其发达程度是有限的。中华文化能够持续五千年而依旧灿烂辉煌，屹立于世界文明之林，与我们的先民创造和使用汉字是分不开的。

汉字是记录汉语的书面符号系统，单个汉字具有独立的形、音、义，记录长期以来以单音节为主的汉语，具有最大的适应性。汉字表达汉语的音、义，几千年来有不少变化，但是其变化都是逐渐的而不是突变的，同时基本上都随着汉语的发展而变化。汉字的字形则相对独立一些，其主要应用字体篆、隶、楷、行，虽然彼此异样，但是都遵循一定的演变规律，而且经过历代王朝政府的规范协调，能被广大知识分子和一般识字民众认知和使用。所以，汉字突破了古今几千年、纵横数千里的时间与空间的局限，发挥其超时空的书写和识读功能，最完整地记载与传承中华文化。此外，世界上所有文字的流传，还有一个载质的问题。文字能否随着载质的变化而发展，这也是考验文字生命力的一个因素。汉字的载质，先后经历了龟甲兽骨、青铜玉石、竹简木牍直至缣帛纸张的变化，形体的演变也与此密切相关，但是使用不同的载质书写与表现汉字，总是得心应手。这就在一定的物资层面上，保证了汉字的生命力，保证了汉字记载中华文化的功能不受影响。尤其是质地轻薄、取材方便、价格低廉、经久耐用的纸张，大大地推广与普及了汉字的使用，对于中华文化传承的作用是不言而喻的。

中华文化具有丰富的资源和相对的稳定性。数千年来，虽然沧海桑田、王朝更迭，但是中华文化的主要部分——思维方式、价值观念、道德风尚、文学艺术、人情习俗、衣食住行等，一直是薪火相传、代代赓续。这首先是因为中华文化具有从未间断的文字记载，而且主要以书籍的形式保存与流传了下来。而书籍，无论是手写或印刷，毫无疑问都是使用汉字。因此可以说汉字对于中华文化的稳定传承发挥了最重大的作用。

印刷术是中国古代四大发明之一，是中华民族对世界文明发展的巨大贡献。据现在公认的说法，中国在公元 7 世纪左右的隋唐之际出现了雕版印刷，11 世纪左右的北宋时期，毕昇发明了活字印刷术。这是文字信息处理领域的一次全球性的革命，对中国、欧洲乃至世界文化的发展都产生了深远影响。当然，印刷术的发明与应用，首先是使汉字在中华文化的继承与传播方面的作用更为突出，由此加速催生了数量极为庞大的中华古籍。我国现存古籍的数量，因为统计的角度与范围的不同，有不同的说法，大致有 10 万种到 15 万种。如果加上流失海外的部分，就更加可观了。所谓“种”，并不等于“卷”或“册”（或是现在说的“本”），例如纂集于明代初年的《永乐大典》算古籍的“一种”，但它全书仅目录就有 60 卷，正文 22877 卷，装成 11095 册，约 3.7 亿字。这些古籍成为使用汉字记载与传承中华文化的重要体现。

由于中国历史悠久，长期以来是世界上政治、经济、文化诸方面的强国，早就对许多国家和地区产生巨大影响。汉字传播海外，在周边国家形成一个“汉字文化圈”，就是明显的例证。在历史上的中国境内，汉字对许多少数民族文字的影响，更是不难想象的。

关于汉字的话题，可以说是很多很多，本书只能提供有关汉字的源流演变、文化底蕴、发展传播、规范改革等方面的基本知识，供关注汉字或对汉字感兴趣的读者领略、参考。

目　录

一、汉字的起源

长期以来，人们把“语言”一词，界定为“人类所特有的用来表达意思、交流思想的工具”，或是“人类特有的一种符号系统”，认为语言是人类区别于其他动物的根本特征之一。可是，经过科学家的研究，现在已经发现许多动物，例如海豚、鲸、黑猩猩、金丝雀、蜜蜂等，也有广义的语言，包括人类听得见的或是听不见的，有的还相当复杂。于是，语言似乎不能视作人类的专利了，尽管在许多方面，动物的语言与人类的语言无法相提并论。

不过，人类在其发展的相当高级的阶段，发明了文字——一种书面的语言，借以使各种信息，既能送到远方，又能传给后代。这可是任何其他动物所望尘莫及的事，真正足以成为人类的自豪。人类则由于文字的发明，结束了漫长的野蛮、混沌的境况，开始踏上文明的道路。

现代社会的人们，无不知晓“文明”这一概念的含义。文明的表现形式各种各样。诸如国家、城市、商业、文字、宗教、冶炼金属、种植农作物等，都是人类开始具有文明的标志。其中，文字是最为重要的一种标志。人类社会的真正历史，可以说是从有了文字之后才开始的。因此，文字是人类的文明之光。

汉字，则是中华民族的文明之光。

那么，汉字是如何起源的呢？

（一）仓颉的传说及其他

在中国，流传着一个古老的传说——

有个老人端正地坐在地上。他的脸部很是奇异：眉骨隆起，周围竟镶嵌了四只眼睛！每只眼睛里还直发出炯炯的光，射在跟前一堆横七竖八的图形符号上面。此时，正是夜深人静，万籁俱寂；忽然，撕天裂地“哗啦”一声响，接着扑扑簌簌，仿佛下起了大雨。可是仔细一瞧，下的竟是谷子小米！或远或近的地方，又不时传来“啾啾”的啼哭之声，原来是神祇鬼怪正在伤心不止……

这就是中国古代关于仓颉〔jié 洁〕造字时“天雨粟，鬼夜哭”（《淮南子·本经训》）的故事。仓颉造字的说法，被中国的许多古书所记载。直至公元 11 世纪的宋代，有一位学者叶梦得（公元 1077—1148 年），写了一部笔记叫《石林燕语》，其中还谈到当时京都官府中许多管理文书的小官吏，到了秋季就集体祭祀仓颉，把他尊为文字之神（图 1）。

图 1　仓颉画像

可见仓颉造字的说法在中国是源远流长的。有不少人相信仓颉是黄帝的史官，甚至干脆把他认作古代的帝王。据说他姓侯冈，名颉；因为是陈仓（今陕西宝鸡一带）地方的人，故而叫“仓颉”。

在编于北宋、号称“法帖之祖”的《淳化阁帖》中，曾经收有一篇“仓颉书”（图 2）。

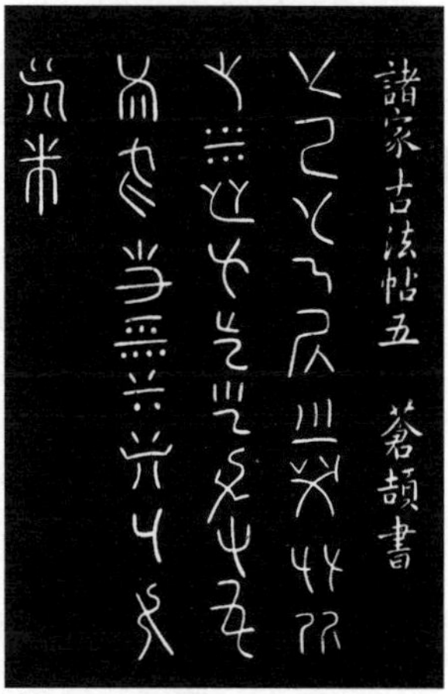

图 2　仓颉书

当然，这只能是托名之作，不过有人居然还能据此做出释文来。也有人认为这个书迹与早期彝族的文字比较相像。据调查，在中国的具有文字的某些少数民族中，也不乏仓颉造字的传说，比如彝族。这也证明了中华民族的大部分，具有共同的祖先，都可以说是炎黄子孙。

根据这种传说，文字是由特殊人物创造的，而且具有神奇的力量，能使天地鬼神为之惧怕。所以早先中国的民间，由此而普遍敬畏文字乃至写有文字的纸张。在旧时的通都大邑到穷乡僻壤，随处可以见到“敬惜字纸”的劝诫招贴。老百姓对于读书识字的人，因而也特别地敬重。

随着科学的昌明，现在我们知道，汉字这样的文字系统，绝对不是一人一时所能创造的，它是广大群众在长期的生产与生活当中，逐渐地发明、积累，达到彼此承认、共同使用（这就叫作“约定俗成”），才得以正式形成的。当然，我们也不否认个别的人在这个过程中有意识地付出了较多的劳动，对汉字的体系形成起了较大的作用。中国历史上许多事物的发明创造，都有类似过程。先民们往往把这些发明权归之于某个传说中的人物。汉字为仓颉所发明，如同说种庄稼始于后稷〔jì 计〕一样。战国时代的思想家荀卿在《荀子·解蔽篇》中说：“故好书者众矣，而仓颉独传者，一也。”又说：“好稼者众矣，而后稷独传者，一也。”他认为仓颉之于文字、后稷之于农稼，只是致力较为专一，做出较大成绩，所以声名得以流传而已。这种看法，可以说是比较客观而高明，也符合事物产生与发展的一般规律。

关于汉字的起源，在中国还有两种影响也比较大的说法：一是伏羲（庖羲）造八卦，二是神农“结绳为治”（《说文解字·叙》）。和黄帝一样，伏羲、神农都是中国古代神话中的帝王。

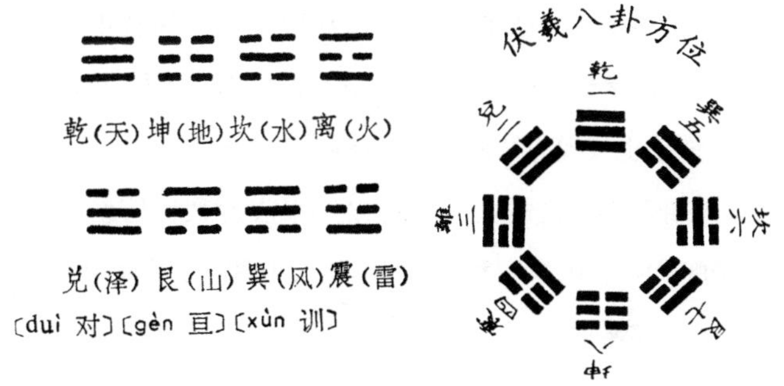

图 3　八卦及其含义

八卦是古人用以占卜的八种基本图形，由符号“⚊”和“⚋”组成。这些图形的名称及所代表的事物，见图 3 所示。用这些图形进行排列组合，可以表达更复杂的意义。中国最古老的经典之一——《易经》，对八卦有着系统的论述。据说，著名的德国科学家、发明计算机的先驱莱布尼兹（Leibniz，G. W.，公元 1646—1716 年）就曾经从《易经》的八卦图像中欣喜地印证了从 0 到 63 的二进位数字。

结绳记事可以说是许多民族在文字产生以前都经历过的一个阶段。南美洲的秘鲁印第安人，有所谓“绳结语言”，方式相当讲究，使用时间很长（图 4）。中国云南的哈尼族人，数十年前依然使用结绳，如买卖土地的双方各持一根麻绳，田价多少元即打多少结，日后用为凭证。古代汉字中的一些数字的字形如（十）、（廿，即二十）、（卅，即三十），似乎也可视为结绳记事的遗迹。

八卦和结绳之类，虽然可以用来表达某种信息，但它们不能用来记录语言，所以都不能认为具有文字的功能。

关于汉字的起源，我们必须从汉字的自源性质说起。

（二）汉字是一种自源文字

什么叫“自源文字”呢？

从文字发生学的角度来说，文字分为自源的和借源的两大类。所谓自源文字，是指从文字产生开始，就独立发

图 4　南美洲印第安人的结绳记事

展的文字，在文字的形状和体系上是自己独创的，历史也比较悠久，如：汉字，亚洲西部的苏美尔楔形文字，中美洲的玛雅文字。这些自源文字中，只有汉字福寿绵长，至今健在，其余的都已死亡，或者只是后裔留存。借源文字是指借用或参照其他文字形体或系统而建立的文字，如日文是借源于汉字，英文、法文等都借源于拉丁字母和希腊字母，而希腊字母又借源于古埃及文。

何以见得汉字是自源文字呢？

早先，在国际考古学界有一种说法，认为中国文明的发源地在西方。有些汉学家将汉字和楔形文字进行比较，认为中国文明和巴比伦文明有亲缘关系。甚至有人认为诺亚的子孙东行，来到了中国。这些看法，当然是非常无知而可笑的。根据近百年来，特别是近 30 多年以来在中国大陆的考古发掘，完全可以推翻这一类说法。所以荷兰著名的考古学家法兰克福（H. Frankfort）在 20 世纪 50 年代初便已指出：全世界范围内独立起源和发展的文明可能只有三个——近东（埃及、两河流域），中国和中南美（墨西哥、秘鲁）。

既然中国的文明是独立起源和发展的，那么，汉字作为自源文字是绝无问题的。至于它和楔形文字有所相似（下文将要叙及），与其说是亲缘关系，毋宁说是体现了人类文字起源的共同特征。

（三）陶器、龟甲上的图形、刻画符号

关于仓颉造字的说法，如果抛开神话色彩，它在积极的

方面可以对我们有两种暗示：其一，表明了汉字的自源性质；其二，提供了汉字起源的最早年代的信息。据中国的古史记载，黄帝是纪元前约 2500 年的人物。这相当于中国考古学所指原始社会晚期的龙山文化（发现于山东章丘龙山镇，距今约 4300—4800 年）时代。这一时期甚至更早的仰韶文化（发现于河南渑池仰韶村，距今约 5000—7000 年）时期的考古发掘中发现，在部分陶器上刻画或者绘写有某些图形符号（图 5、6），不少古文字学家认为这已经是具有文字性质的符号了。上文所引所谓“仓颉书”，也是一些不成字的刻画符号性质的图像，应该说并不是偶然的。

对于汉字起源问题的认识，当然首先要依靠地下考古材料的印证。近年来我国考古发掘取得了不少与汉字起源问题有关的材料，有些是令人振奋的。例如，1983—1987 年在对河南省中部舞阳县城北的贾湖新石器时代遗址的发掘中，在若干墓葬里随葬的龟甲、骨器和石器上，也发现有契刻符号。其中个别契刻符号的形体，与我们即将在下文介绍的河南安阳殷墟甲骨文的某些字形有着惊人的相似之处，图 7 所示的⊖形和⊟形，便是如此。运用现代的碳－14 等年代测定技术，测出贾湖遗址的年代，大约是距今 7000—8000 年，比仰韶文化的年代还要早 1000 年以上，

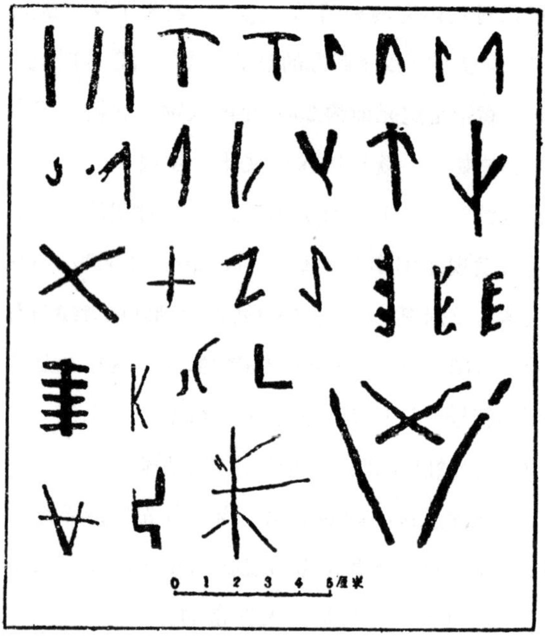

图 5　仰韶陶器上的符号

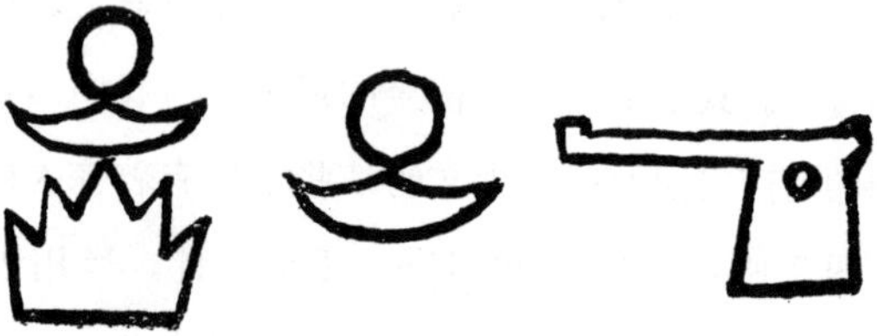

图 6　龙山陶器上的符号

也比迄今世界上其他地方发现的古代文字的源头如南美索不达米亚复杂刻画（约 5400 年前）、埃及象形文字（约 5000 年前）等都要早。尽管贾湖遗址的契刻符号为数甚少，不足以认定已经成为一种文字，但是认为这些符号也具有某种原始文字的性质，并且与殷墟甲骨文具有某种程度的渊源关系，应该是没有太大问题的。因为，它们与殷墟甲骨文一样，都是刻于龟甲兽骨之上；甚至在图 7 那块刻有符号的完整龟甲上方距中线的右侧有一个小圆孔，这在安阳出土的有字龟甲上也能常常见到，说明了二者具有一定程度的相同文化表现形式。起码，它应该被视为驳斥那种所谓“汉字源于西方”的谬论的有力证据。

举世闻名的河南安阳殷墟甲骨文，是从第 20 个商王盘庚（约公元前 1324—前 1297 年在位）之后开始出现的，距今已有 3000 多年了。下文具体介绍甲骨文时，我们将会知道它已经是一种相当成熟的文字，不可能是突如其来的。如果认为贾湖遗址的契刻符号、龙山文化的图形符号等是汉字的雏形，那么它们与殷墟甲骨文之间，势必还有某些过渡性的环节。

可以提供一个证明的是：从 20 世纪 70 年代末开始，中国社会科学院考古研究所曾对隶属于山西省临汾市的襄汾陶寺遗址进行了长期的考古发掘与研究，初步揭示出陶

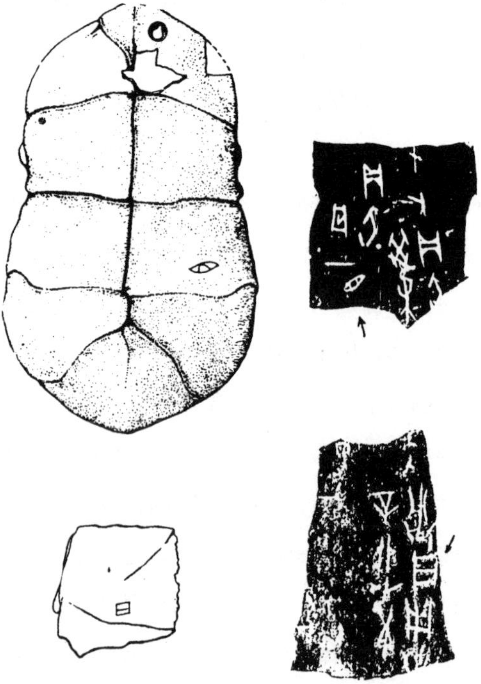

图 7 舞阳贾湖龟甲契刻符号（左）与
殷墟甲骨文拓片（右）的比较

寺遗址是中国史前功能区划最完备的都城，在距今 4500 年至 4000 年间兴建并使用。目前，考古学界倾向于认为陶寺遗址“很有可能就是尧的都城”。在陶寺遗址出土的一个陶器上发现了一个用红色颜料书写的符号（图 8），形体与甲骨文的“文”字完全相同。许多学者据此认为陶寺遗址可以作为当时已经产生国家及都城的佐证，同时也可以认为汉字在当时已经产生，起码可以作为诸如贾湖遗址的契刻符号、龙山文化的图形符号等的汉字雏形与殷墟甲骨文之间的过渡性质的环节吧。

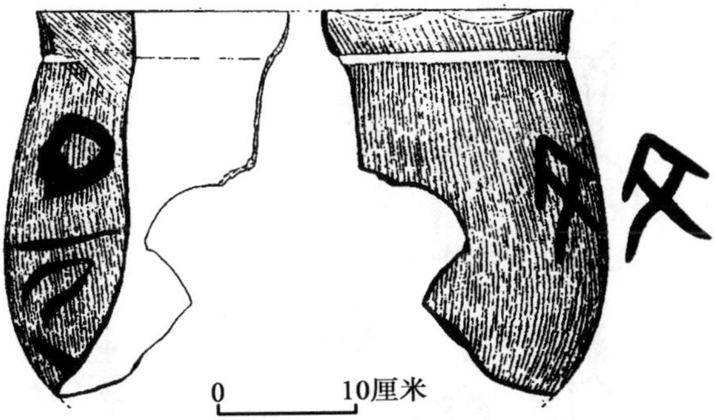

图 8　陶寺遗址陶器符号

在探讨汉字起源的问题时，我们认为有必要建立一个理念，就是汉字的产生，应该是多元的，就是说，具有不同的来源。据不完全统计，几十年来在我国境内发现的早于甲骨文的书写符号有 40 余处，不但在中原地区的河南贾湖和山东大汶口，而且在西北的陕西西安、宝鸡、临潼，甘肃的秦安、半山，青海的乐都，西南的四川广汉，中南的湖北宜昌，乃至东南的浙江良渚（图 9），江西清江、新干等地的古代文化遗址中，都有这类书写、刻画符号的发现。这些符号的图像形体，有的相同、相似，也有的“风马牛不相及”，但是，它们为汉字的产生是否都起了或多或少的作用呢？正如《荀子·解蔽篇》所云“好书者众矣”，可能都成为汉字起源的催化剂。

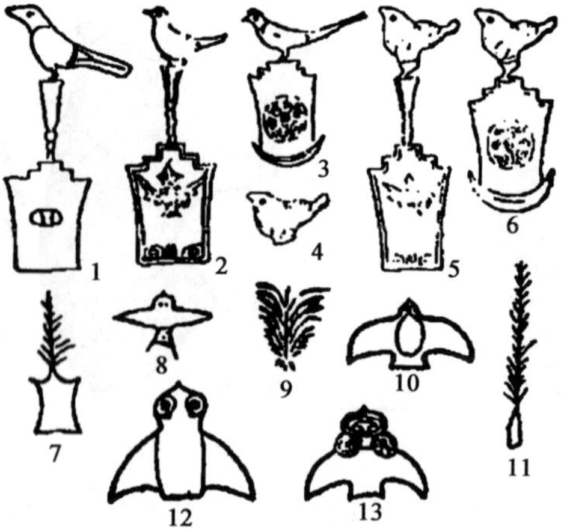

图 9 良渚文化玉器上的刻画符号

1992 年，在绝对年代定为公元前 2200 年的山东邹平丁公村遗址的发掘材料中，有一个陶盆底部残片上刻着 11 个类似文字的符号（图 10），这引起了学术界的轰动和极大的重视。如果它的真实性没有问题，那么，正如有的学者所说，它是“一种走向歧途的古代文字”，也可以说是没有被诸如仓颉这样的“汉字统一者”所吸收的“前汉字”。这个例子，应该可以用来证明汉字起源的多元性质吧。

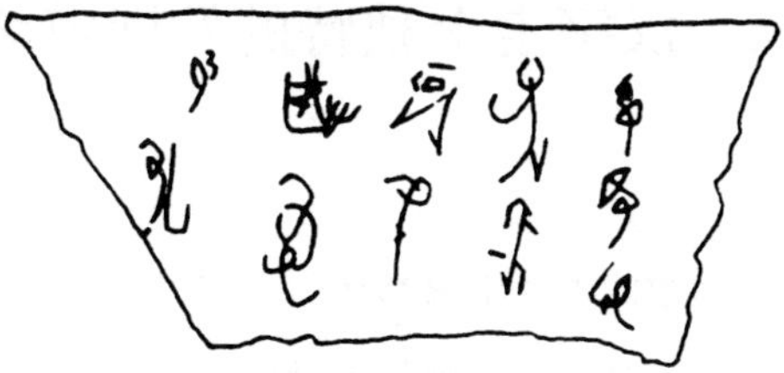

图 10 丁公陶文

遗憾的是，目前在这方面所发现的材料及其研究都很有限。在已经发现的有关材料中，由于对文字起源的认识在理论上并不一致，所以对那些材料在汉字形成过程中的性质的认定，还存在若干分歧（限于篇幅，这里不能展开介绍并分析）。因此，汉字的起源，还是一个有待考古材料的丰富和理论认识的深化才能最终解决的神秘之谜。

我国最早的古书之一——《尚书·多士》中有句话：“惟殷先人有册有典。”这里指的册和典，都是有关历史的文字记载。殷人祖先已有典册，说明在商朝建立之前，汉字已经形成体系并且进入实用阶段。据此做一较为保守的推测：汉字形成于前此的夏代中期，即大约距今 4000 年，应该是可以成立的吧。

二、汉字走上独特的发展道路

现今，多数的语言学家都认为：语言是人们进行思维和交流思想的工具，文字则是记录语言的工具。这种说法是大致不错的。但在我们看来，文字是人们用以贮存宇宙与大自然给予的信息的一种载体。当人类刚刚诞生，他们首先所感知的，便是无垠的宇宙与神秘的大自然。他们把从外部世界得到的种种感受和未测未知的疑问，用图画的形式予以记述和表达，存留给自己的后代。这类图画，往往成为文字的前身和雏形，比如上面提到的龙山文化时期陶器上的图形符号。

所以，大多数民族的文字都来源于图画——自然界的种种形象。文字的最初形式都是象形的、表意的，因为只有这样才能最直接地表达先民们对于大自然的感知和看法。

图 11 是我们选择了古埃及圣书字、苏美尔楔形字、古希腊克里特表形字和早期汉字的几个字所做的比较，以作为上述说法的证明。从图表中可以看出原始文字所共有的

图 11　几种早期文字的比较

象形表意性质。这些文字的产生时代有早晚，有些字形的造型角度并不相同，但在酷肖物象方面却惊人地相似！这只能说明它们共同的来源是同一的宇宙和自然界。

当然，文字如果只停留在形象化的图画式的符号阶段，是极为不便的，写（画）起来费时，又难以表达复杂的思想。所以，需要把文字符号进一步地简单化、抽象化，以便更好地记录语言。因此，很快地，各民族的文字形式就“分道扬镳”了。

《圣经·旧约》的《创世记》第 11 章中有一段关于“贝伯尔塔”（the Tower of Babel）的故事，说是古时候，“天下人的口音语言都是一样”，人们往东方迁移，到了一个叫“希拿”(Shinar)的地方，遇见一片平原，决定留下定居，并且打算烧砖建造一座城和一座塔，塔顶能通天。上帝看到这种情景就说：“看哪，他们成为一样的人，都是一样的语言。如今既做起这事来，以后他们所要做的事就没有办不成的了。”于是上帝下来把人们的语言搞乱，使他们彼此听不懂，无法合作造塔，还把他们分散到世界各地去。于是世界上就有了不同的语言。这座塔就叫作贝伯尔塔，“贝伯尔”就是“变乱”的意思。

我们无法断定人类是否存在共同的祖先，具有共同的原始语言，但文字形式适应各自语言的特点，却是世界文字发展史上的一个基本事实。

语言是靠语音来体现的。文字作为语言的书面符号，可以说也只是记录语音而已。语音可以分解为不同的音节，音节又可以分解为不同的元音和辅音。一种语言的语音不论如何复杂，它的音节总是有限的，构成音节的元音和辅音的数目也是有限的。既然如此，人们只要为音节或是元音、辅音各自造出相应的书写符号，运用这些符号之间的排列组合，也就足可以表达语音从而记录语言了。像苏美尔的楔形文字、日本语的假名，都是以音节为书写单位的，叫作音节文字；而像拉丁语、英语、法语、俄语、德语等绝大多数的文字，都是以元音、辅音为书写单位的，叫作音素文字。这两种文字，合称“拼音文字”。

拼音文字的书写单位，叫作字母。字母的形状都比较简单，便于书写。现在世界上运用最广的是拉丁字母。它的造型，可以追溯到古代埃及文字。约公元前 15 世纪或者更早，受埃及文字影响的西亚和北非闪米特（Semite）人创造了 26 个字母，这就是在西奈半岛发现的古代铭刻中所用的字母（即西奈字母）。大约一两个世纪后，他们中的一支腓尼基（Phoenicia）人，在此基础上发展出腓尼基字母，成为后世希腊字母和拉丁字母的前身（图 12）。

图 12　拉丁字母的来源

汉语的音节也很有限，如果分解到元音和辅音，数目就更少得很了。那么，汉语的文字——汉字，为什么没有走上拼音文字的道路呢?

原来，汉语有一个很重要的特点，就是它的词大多是单音节的。尽管汉语在其发展过程中双音节和多音节的词有增加的趋向，但在古代，却是单音节词占绝对优势。这样，有限的每一个音节就难免要承担表示许多单音词的任务，也就是说，势必存在大量的同音词。如现代汉语“yi”这个音节，同音词有 170 多个，古代就更多了。这种单音节的特点，简直可以说是汉语所独有的。其他语言中的词，大半为多音节，用一系列的音节或字母符号来表示，并不容易发生混淆，因为音节的构成和数目、次序完全相同的情况是很少见的。然而，汉语的单音节词（大量的同音词），却只能在外形上加以区别，写成一个个形状不同的字。每个字都是一个音节，代表一个词。汉字适应于汉语的这种特点，我们在本书中是要反复强调并说明的。

所以，汉字是一种直接表词的文字即表词文字。不过汉字既表意（所以许多学者称汉字为“表意文字”），又能表音（多数汉字为形声字，具有声符），因此也可以称为意音文字。

汉语还有一个特点给汉字成为表词文字提供了方便，就是：它的词是没有内部形态变化的，同时也极少附加词缀一类的构形成分。这就使得汉语中所有的词——实词和虚词，都可以用形状相对固定、大小长短基本一律的符号进行书写，不必使用各种词以下的附加记号。这也注定了汉字直接表词的性质和汉字的独特面目。

古代的埃及、苏美尔、克里特等文字，也都是表词文字，但是它们都早已死去了。至今健在并广泛使用的表词文字，全世界只有汉字一种了。

因此，在现存的世界文字中，只有汉字的性质是独特的，它的发展道路也必然是独特的。

三、汉字的古文字阶段

（一）甲骨文

河南省安阳市的西北郊，有一个村庄，叫小屯。自古以来，这里居住着世世代代辛勤耕作的劳动人民。那是100多年前的事了，他们耕地的时候，忽然发现在犁耙翻起的土块间，混有一些大小不等的坚硬骨片，捡起来一看，不少骨片上都有些像是刀刻的道道，有的还带点暗红色。“刨到龙骨了！”村里的人们都这么说。老人们还说这东西可以当药，磨成粉能治刀伤、打摆子什么的。于是大伙儿都去捡拾这种骨片，卖给城里的药铺。而一斤只能卖几文钱。

有一天，村里来了个山东的商人，姓范。他问村民们可有什么地里挖出来的新奇东西，他要出好价钱收买。大家就把这种骨片拿出给他看，他也好奇地买下了一些骨片。

姓范的原来是个古董商，专门到农村贱价收购古董，再到北京、天津等大城市以高价卖给那些有钱有势的大官阔佬。这次见到了这些带刻道儿的骨片，他也不知道是什么玩意儿，不敢多要，买了一点，跑到北京，找了一个相识的大官，是他的山东老乡王懿荣，请他给鉴定鉴定。这位王懿荣是位相当有学问的京官。他看到这些骨片，十分惊奇，仔细观察上头刻画的那些道道，认为是一种已经失传的古代文字，非常珍贵，不但出大价钱把它们全买了下来，还叮嘱这位姓范的商人赶快再去收购，他全要，而且要刻字多的骨片。

经过进一步的研究，人们终于知道这些骨片其实并不是什么“龙骨”，而是乌龟的甲壳和牛、鹿等的骨头，于是后来学者们把那上面刻画的文字，命名为“甲骨文”。

王懿荣接触到甲骨文的这一年，是清光绪二十五年，即公元 1899 年。

甲骨文的发现，轰动了海内外的学术界。

这以后，人们在小屯村及其附近进行了多次科学的发掘，得知这里原来是距今大约 3000 年前的商代后期的都城遗址。根据古籍记载，商王是经常迁换国都的，不过自从盘庚（汤的第九代孙）十四年迁都到安阳以后，一直到帝辛（即纣王）共八代十二王再没迁徙过，所以安阳小屯一带一共作了大约273年的商王朝都城。安阳当时叫作殷，因此商代又被称为殷。商被周王朝所灭亡，这里毁为废墟，后人称为殷墟。

商王非常迷信，特别崇尚鬼神，无论大事小事，如年成、征伐、生育、出游乃至田猎等，都要进行占卜，并专门设有一种官职（后世称为贞人）主管占卜。有时商王还亲自动手占卜。当时占卜用的主要材料和方法是：使用经过整治加工的乌龟腹甲或兽类（主要是牛）的肩胛骨，在反面挖或钻出圆形和椭圆形的槽；占卜时用火在这些槽内烧灼，使正面相应的部位出现裂纹，根据裂纹的数目和形状（叫作“兆”）推断卜问事项的凶吉和结果。在整个占卜活动结束之后，就把上述情况用文字写刻在龟甲或兽骨的一定部位，作为验证。这些文字，称为卜辞，所以甲骨文又常称为“殷墟卜辞”。

一条完整的卜辞，是由四个部分构成的：前辞、贞辞、占辞、验辞。

前辞，又叫叙辞或述辞，记叙占卜的时间（有的也记有地点）、贞卜人的名字；

贞辞，又叫命辞，记叙该次占卜所要问的事，有时要从正反两方面发问，叫作“对贞”；

占辞，记叙商王或占卜者根据卜兆的情况，做出吉凶祸福的判断；

验辞，记叙占卜后的结果即应验的情况。

这些部分有时契刻在甲骨上的不同部位，根据一定的顺序才能通读出来。

下面举一条属于殷墟甲骨文早期的武丁时期的卜辞（图13）加以说明：

癸巳卜，争贞：今一月雨？王固〔zhān 沾〕曰：丙雨。

癸巳卜，争贞：今一月不其雨？

旬壬寅雨。甲辰亦雨。

这条卜辞的构成和意思是——

图 13 《殷墟文字丙编》第 368 片摹本

前辞：癸巳卜（癸巳这一天占卜），争贞（名叫争的贞卜人卜问）。

贞辞：今一月雨（现今一个月之内下雨吗）？

占辞：王固曰（商王看了卜兆后判断说）：丙雨（逢丙

那天将要下雨）。

验辞：旬壬寅雨。甲辰亦雨（结果，在下一旬的壬寅日下了雨。第二旬的甲辰日也下了雨）。

文中的“癸巳卜，争贞：今一月不其雨”，是从反面卜问，与上文的“今一月雨”组成对贞。

这条卜辞在龟甲的反面还有“己酉雨。辛亥亦雨”（己酉日下了雨。辛亥日也下了雨），也属于验辞，与上连读。

但是，有许多的卜辞比较简化，不见得这四个部分都完全具备。

殷墟卜辞对于我们研究中国古代社会、尤其是殷商时期的社会状况，具有很高的价值，可以说是最可靠的第一手史料。例如，以卜辞中所见的商朝祖先、商王的名称、世系与汉代司马迁所编著的我国第一部大型通史《史记》的有关记载相对照，大多可以符合，证明了《史记》的记载基本上是可信的。同时，又可使用卜辞的记载，对《史记》一类史籍记载不准确甚而错误的地方加以纠正，例如：《史记·殷本纪》记载商王的世系有一段为“报丁、报乙、报丙”，而根据甲骨文的材料，应该订正为“报乙、报丙、报丁”。这样就使我们对于中国古代的历史有更加全面而准确的了解。

从卜辞中还发现了大量有关古代天文、气象及农业、畜牧业等科学技术的材料，例如武丁卜辞中就有好几次关于月食的记载：“六日［甲］午夕，月㞢（有）食”“月㞢食，闻，八月”。“闻”就是“昏”，指月全食而天地昏黑。这些科技材料，对于各个相关学科的探讨与研究，自然也是意义重大。它们的价值，不但属于中华文明，而且属于整个人类文明。

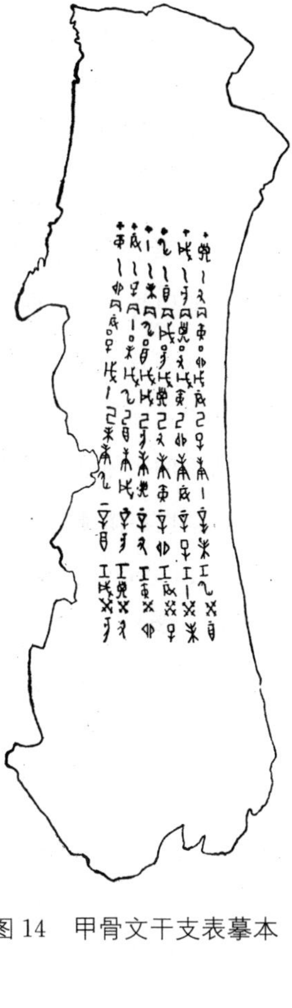

图 14　甲骨文干支表摹本

也有的甲骨文不是用来记录占卜情况的，例如有一种刻辞刻写的是把 10 个天干（甲、乙、丙、丁、戊、己、庚、辛、壬、癸）和 12 个地支（子、丑、寅、卯、辰、巳、午、未、申、酉、戌、亥）相配组成的 60 个干支名称的“干支表”（图 14）。这种干支表是当时的人们用来查检、推算干支纪日的日期的谱表，可以说是我国最早的日历。

此外，在殷墟之外的一些地方如河南省郑州市、洛阳市，山西省洪洞县，山东省济南市，陕西省长安区、扶风县、岐山县以及北京市昌平区等地的古代文化遗址中，后来也都陆续发现有甲骨文。

其中，在陕西岐山、扶风发现的甲骨文，叫作周原甲骨文。周原是这一带地区的古地名，也是周王朝的发祥地。

周原甲骨文，目前主要发现的是卜甲，共有300片左右。时代大致是从商代后期至西周前期。这些带字卜甲，都是残甲，面积只有现在通用的一分或二分硬币那么大。上面所刻的字体极为纤细，需用五倍以上的放大镜才能辨识，可谓世界微雕艺术史上的一个奇迹。

图15是我们选取的周原甲骨文中字数较多的一条卜辞的摹本，释文为：

癸巳，彝文武帝
乙宗。贞：王其邵〔zhāo 招〕祭
成唐。鼎（贞）：禦，
𠬝〔fú 扶〕二母，其彝
血羊土〔mǔ 亩〕三豚三，
囟〔sī 斯〕又正。

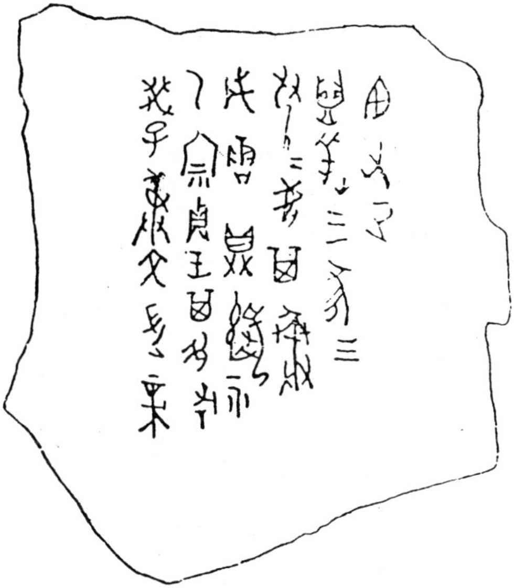

图 15 周原甲骨文摹本

全辞大意是：癸巳日，在文武帝乙的宗庙里举行彝祭。问：王隆重地祭祀成汤。举行御祭，用艮国的两个女性人牲，彝祭的牲血用三头公羊、三头小猪，可以贞问吧。

周原甲骨文的发现，是甲骨学史上的一项重大成就，扩大了我们对甲骨文的研究范围。无论是对西周历史的研究，还是对汉字历史的探讨，都有极为重要的意义。

从 1899 年发现甲骨文到现在，经过初步统计，大约出土了 10 万片甲骨。在这些甲骨片中见到的全部单字的总数，约为 4600—4700 个，其中所能确切辨认的，目前还不到 1800 字。

甲骨文是迄今为止在中国所发现的自成体系的最古老的文字。它和埃及的圣书文字、中美洲的玛雅文字、苏美尔的楔形文字差不多同时，但是后面几种文字都早已消亡了，和这些国家或地区现在使用的文字没有渊源关系；只有甲骨文与现代仍在使用的汉字关系密切，可以说它是现代汉字的老祖宗。

甲骨文中有不少字是容易辨认的。首先是表现自然界各种事物形状的字，叫象形字，例如：

 月字，像月牙儿的形状。

 雨字，像天上下雨的样子。

 龟字，像乌龟的形状。

 鱼字，像鱼儿的形状。

 衣字，像古人穿的上衣的形状。

 木字，像树木的形状。

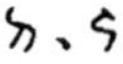 人字，像侧着身子的人。

有时把两个象形字组合起来表示一种较为复杂而抽象的意义，比如有几个与人的象形字有关的字：

 从字，一个人跟在另一个人后头，是跟从的意思。

 北字，两个人背对背，就是“向背”的背字的古字。

 休字，人靠着树，表示休息。

 并字，表示两个人并排着站在一起（底下的一横划表示地平面）。

像以上这些“月”“雨”“木”“人”等整个儿地由一个不能再行分解的形体构成的字，叫作“独体字”；而像“休”“从”这些由一个以上（一般是两个）的独体字构成的字，叫作“合体字”。于是独体字“人”“木”就分别成了合体字“休”“从”的一部分，我们把它们叫作字的“部件”，好比一部机器的零件。当然也有的部件不一定是可以独立存在的字。这几个术语是我们以后经常要使用的，所以先在这里介绍一下。

现在我们再回到甲骨文。应当指出，更多的甲骨文形体具有与后世汉字不大相同的特点，否则就不会有将近2/3的甲骨文至今还不能辨释出来了。这些特点主要有：

（1）甲骨文的形体往往不固定。这表现为：

a. 部件的位置比较自由，如：

牝 

物 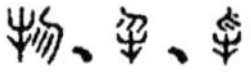

“牝”“物”分别由牛、匕和牛、勿构成，两个部件左右、上下怎么搁置都可以。

b. 同一个字可以使用不同的部件，如：

牢 

逐 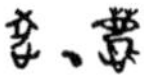

“牢”在甲骨文时代是关牲畜的地方，等于我们今天的牲口棚。表示关牲口的围栏，里头可以关牛，也可以关羊或马，因此（牛）、（羊）、（马）都可以成为“牢”字的部件。“逐”字在甲骨文时代表示追赶野兽，下边的或表示猎人的脚步，上边可以用（豕）表示追赶的是野猪，也可以用（鹿）表示追赶的是鹿。

c. 同一部件可以有笔画繁简的不同，如：

齿 

丝 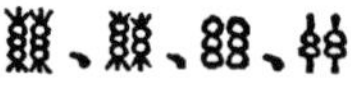

“齿”字像牙齿的形状，上下牙可以多表示几个，也可以少表示几个，甚而只有下牙，没有上牙。“丝”字像两把束好的丝，有的圈数多，有的圈数少，有的带丝头，有的不带丝头。

部件笔画的繁简多少，对于了解汉字形体结构的变化，也是很重要的一个方面。部件笔画由少向多发展的，叫作“繁化”；由多向少发展的，叫作“简化”。

d. 部件的刻写方向可以有正反的不同，如：

即 

尹 

“即”字表示一个人靠近食物旁边，采用跪着的姿势，在左边在右边是一样的。“尹”字表示一只手拿着一根笔，左手拿右手拿也是一样的。

（2）甲骨文中有较多的“合文”，就是把两三个字挤着写刻在一个字的位置。例如：

人名用字：（报乙） （盘庚）

（祖辛）

数目字：（十三） （十五）

（四千） （十二月）

常用语：（上下） （黄牛）

周原甲骨文的形体，主要保留着作为中央王朝文化代表的殷墟甲骨文的特点；同时，由于也受到周部族的社会生活和文化特点带来的影响，多少有所发展。这种发展在整个汉字历史进程中发挥了积极的作用。有一批汉字的形体，是在周原甲骨文中产生或定型的，如后世常用的“城、夜、舍、则”等字，始见于周原甲骨文；“更、蜀、追、咎、逐、祠、师、贞、车、受、见、队、毕、庶”等字，比起殷墟甲骨文，有较大的变异，而当周部族夺取了中央政权后，这些变异的形体成为规范，为西周金文、小篆等所继承。因此，周原甲骨文在汉字演变历史中的作用，是值得重视并研究的。

甲骨文一般是先用朱砂或黑墨写在甲骨上，然后再用刀将笔画刻出，也有的是直接刻成的。因为是用刀刻，所以笔画瘦劲刚硬，较少圆转，就雕刻的精美来说，十分令人赞叹。

（二）金文

根据考古发现，我国早在殷商时期，就已进入了青铜时代。青铜，就是铜和锡的合金。从商代到周代，统治者和贵族广泛利用青铜铸造各种器具，主要有食器、酒器、水器、乐器，如鼎、鬲〔lì 立〕、豆、爵、尊、盘、钟、钲〔zhēng 征〕等。这些器具固然具有日常生活使用的实用性，但是持有者更注重的，却是它们代表功勋、权势以及表示吉祥、希冀子子孙孙世袭罔替、享受优裕之类的象征意义。作为制作及持有者来说，这些器具都是其家族珍贵的礼器，希望可以永久流传，子子孙孙富贵无尽。在这些器具上头，常常刻铸文字，表示持有者是谁，铸造器具的缘起、目的等。因为古代管“铜”叫“金”，用于这一类器具的青铜则叫“吉金”；所以刻铸在青铜器上的文字，就叫“金文”，也叫“吉金文字”。古人在食器中特别重视鼎，乐器中特别重视钟（有个成语叫作“钟鸣鼎食”，形容帝王贵族、权势人家日常生活的气派），所以用钟、鼎作为青铜器的总称，所以金文也叫“钟鼎文”。

跟现代的铸铁产品一样，青铜器的铸造一般也要使用泥制模型，叫作“陶范”。金文是预先雕刻在陶范上再铸出来的，也有少数则是铜器铸好后直接刻上的。由于陶范质地松软，雕刻比龟甲、兽骨更为容易，所以早期金文比甲骨文的图绘性质更强，更为接近原始文字。例如“日”字，金文写作⊙，是圆圆的太阳中间有个黑点（有人认为黑点表示太阳黑子），而甲骨文由于在坚硬的质地上刻写圆形不方便，只能写成“⊟”。又如钉子的“钉”，甲骨文写成○，金文写作▼，更像钉子的形状。

青铜器上所刻铸的文字，也称作铭文。早期（即商代）

有许多是记名式的，即仅标记该器物的属主之名如族氏名、做器人名、受祭人名等，因此都很简短。早期青铜器上的文字较为原始，尤其是族氏名，可以认为是氏族的图腾，也就是族徽（图 16）。这些族徽，有许多只是一种图形符号，还不是文字，当然也有不少后来经过或大或小的演变，成为汉字大家庭中的成员。

图 16　青铜器上的族徽

进入西周以来，青铜器得到极大的发展，铸造越来越多，上面的文字即金文的内容越来越丰富，篇幅也越来越长。有记载各种大小事情，诸如祭祀、赏赐、任命、功绩、战争、训诰等，甚至还有关于社会经济、法律等方面的内容。篇幅也由记名式的两三字发展到几十乃至数百字，例如至今发现字数最多的《毛公鼎》铭文，达到 497 字（图 17）。这些铭文由于属于未经窜改的第一手材料，其历史文献价值之高，也是无与伦比的。

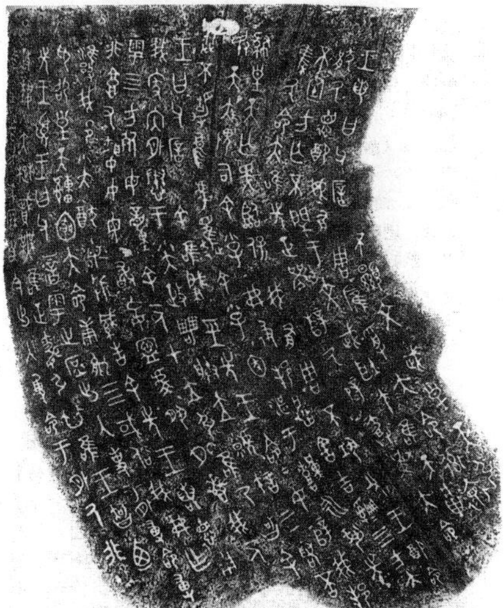

图 17　毛公鼎铭文拓片（部分）

这里列举一篇较短的铭文，即《利簋（guǐ）》，以见一斑（图 18）：

图 18　《利簋》铭文拓片

（武王）征商，隹（惟）甲子

（朝，zhāo）岁鼎，克闻夙又（有）商。辛未，王才（在）

（管）　（师），易（赐）又（右）吏（史）利金，用乍（作）　（旂）公宝尊彝。

这段铭文的大意为：在甲子日的清晨，周武王讨伐殷商，那天岁星正当其位。于是在一夜之间灭商，占有了商国。其后第八天的辛未日，武王在管师这个地方，赏赐给右史（官名）利（人名）以金，利就制作了这个用来祭祀旃公的珍贵礼器。

这段铭文记载了周武王伐纣的具体日期、时辰（即当天的天象），天文学家及考古学家可以据以考证其具体的年代时间，所以对于查实武王伐纣这一历史事件具有重要的文献价值。

和甲骨文一样，金文的形体也还没有定型化，同一个字常常可以有不同的写法，如：

皇 

对 

取 

铸 

金文中也有合文，例如：

小 子 

上下帝 

五　朋 

早期金文的形体，就繁简程度来说往往与甲骨文差不多，但金文本身的历史很长，形体结构在发展中常常发生简化。例如保卫的“卫”字，甲骨文写作，在商代金文中写作，口表示一个方形的城池，或表示保卫城池的武士的脚步，是一个很生动地表现该字本义的字。到西周后期，这个字常简化为，春秋时代就简化为了。又如“文”字在甲骨文中常写成、，表示花纹，西周早期金文中还写成等，到西周晚期就简化为了。

与此同时，金文的形体也逐渐脱离图绘性而变为线条化、平直化，例如“火”字在西周早期写作，像一团跳动的火焰，到后期就演变为了。

殷周的青铜器，早在汉代就已不断出土，为学者所研究，包括金文在内，早已成为一种专门的学问。到现在为止，青铜器上的金文发现的不同单字约有 3000 个，其中约有 2000 个能正确释读。

（三）简牍文

简牍文是写在竹木简牍上的文字。一般来说，简是竹制的，牍是木制的。它们的使用年代，应是十分古老。在谈“汉字的起源”的时候，我们曾引用《尚书·多士》的“惟殷先人有册有典”，简典册，也叫“简册书”或“简策书”，就是中国古代在纸张发明以前的书籍。（图 19）用木片制作的，叫作“版牍”。从甲骨文的字形看，“册”字作，像用绳（横笔）将竹木简（竖笔）编组，连贯成册，“典”字作，像用双手捧册的样子。将文字内容按照顺序书写在竹简上，然后用皮绳——叫作韦，一般是牛皮做的——系连使位置固定，就可以翻检阅读了。《史记·孔子世家》说：“孔子晚而喜《易》，……读《易》，韦编三绝。”就是说，孔子经常阅读《易经》，把系书的皮绳都弄断了多次。

制作竹简，一般是把竹片放到火上烘干，这时竹片中的水分析出，犹如出汗，叫“汗简”；然后去掉竹片外部的一层青皮，叫“杀青”。这样制作完成的竹简就可以用来书写、

图 19 简册书

著书立说了，所以给后世留下一个词叫作“汗青”。南宋末年爱国志士文天祥的著名诗句“人生自古谁无死，留取丹心照汗青”，这里的“汗青”指历史著作即史册，是它的引申意义。

目前发现的简牍文字，最早的已属战国时代。1979—1980 年在四川省青川县一处战国墓中，发现了一块有字木牍，正反面可识字共有将近 150 个。内容经考证，是有关秦武王（公元前 310—前 307 年在位）时期田亩制度的法令。而从 20 世纪 50 年代以来，在河南的信阳、新蔡和湖北的望山、包山等地墓葬中更是出土了不少战国中晚期的楚国竹简，内容多为“遣策”（亲友馈赠墓主的殉葬物品及其他用于葬仪的物品的清单）、杂记（有关墓主生前的疾患、祷祝、占卜等事），也有一些司法文书。这些文字对于我们了解当时社会的经济、政治、法律等方面的状况，很有帮助。如湖北荆门包山 2 号楚墓的一枚“疋狱”（记录狱讼的过程）简，写着：“八月乙酉之日，远乙讼司衣之州人苛，胃（谓）取（娶）其妾。”（图 20）意思是说：八月乙酉日，远乙（人名）由于司衣之州人名叫苛的，非法娶走了他的妾，因而提起诉讼。

图 20 楚“疋狱”简

1993 年在湖北荆州郭店发掘的 703 枚有字楚简，内容包含《老子》的三种抄本和若干后世亡佚的道家、儒家学派的篇章。1994 年上海博物馆、2008 年清华大学也都分别入藏了一批楚简，从中整理出不少先秦古籍的篇章，有的内容文字与传世文献存在差异，更有不少也是后世亡佚的古籍残本，为中国古代历史，包括哲学史、思想史、文化史等诸多方面的研究提供了极为重要的新材料。

这里节选郭店楚简《忠信之道》的开头部分（图 21），略作讲解，以见简牍文的一斑。原简长 28 厘米多一点，这一段文字为一简又半简。原文是：“不譌（诡）不謟，忠之至也。不惎（欺）弗智，信之至也。忠积则可亲也，信积

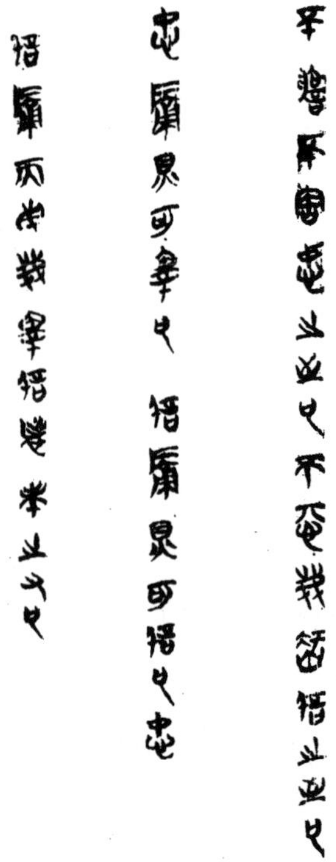

图 21　楚简《忠信之道》（部分）

则可信也。忠信积而民弗亲信者，未之又（有）也。”大意是：不奸诈、不僭越（或“不隐瞒”），是忠的极致。不欺骗，不（自作）聪明，是信的极致。积聚忠就可令人亲近，积聚信就可令人信任。积聚了忠和信而不被人民亲近、信任的人，从来没有过。

目前发现的简牍文，书写年代从先秦（战国）一直到汉代，尽管时间跨度很大，但是学术界都把它作为古文字学的研究对象。

（四）其他材料上的古文字

根据以上介绍，我们知道，甲骨文是契刻（也有笔写）于龟甲、兽骨上的古文字（古代汉字），主要见于商代后期和西周前期。

金文是铸刻于青铜器上的古文字，始见于商代中期，盛行于西周和春秋。所以我们所说的金文，主要指西周和春秋青铜器上的古代汉字。但是青铜器的制造、使用，下延年代很长，不但战国时期，就是汉代以后也仍然不断，有许多也仍然铸刻文字，只是就不属于文字学上所指的上述特定时代的金文了。

春秋战国时期，随着社会的进步，经济和文化的发达，文字的应用范围逐渐扩大，使用的材料也逐渐丰富，举凡陶器、玉石、竹木、缯〔zēng 增〕帛、玺〔xǐ 洗〕印、货币等，上面都可以铸刻或书写文字。不同地点、不同材料上发现的古代汉字，往往具有不同的形体特点和风格，彼此还有所交叉，因此存在种种复杂的情况。下面分若干类加以简单介绍。

1. 陶文

前面我们提到，早在新石器时代的陶器上，已经发现有刻写或绘写的某些图形符号，有的文字学家认为已经具有文字性质，可以说是原始陶文。近几十年的考古发掘，发现了许多战国时期的陶文，其中齐国的最多，燕、秦、滕、邾〔zhū 朱，即邹〕等国次之，韩、赵、魏、楚等国也有零星出土。这些战国陶文，有刻写的，也有范印的。所谓范印，就是如同钤盖印章，有的正方，有的长方，有的圆形，内容大都只是标明制作年份、地点、监造者、陶工籍贯姓名、置用地点等，字体大多工整，但不同地区的形体风格有所不同，图 22 是两枚陶文拓片，上面一方是齐国陶文，释文为："巸者（都）陲〔chén 陈〕㝵（得）再左里敀〔pò 破〕亳豆。”匋都，地名；陲导再，监造者姓名；左里，陶工籍贯；敀，陶工名；亳，器物置用地名；豆，一种装食物的器皿。下面一方是秦国陶文，释文为：“咸亭右里道器。”咸，地名，即咸阳；亭，行政区划名；右里，地名，陶工道的籍贯；道，陶工名；器，指器物。

也有的战国陶文内容比较简单，只有地名或官职人名等。

图 22　战国陶文拓片

2. 玉石文

从本质上说，玉只是一种特别的石头，所以玉石可归为一类。1977 年在甘肃庆阳野林出土了一柄商代玉戈，上面刻有“乍（作）册吾”三个字（图 23 左）。作册是官职名，吾是人名。这是迄今发现的时代较早的玉器上的古文字，形体特点与商代后期金文相类似。

1965 年 12 月，在山西侯马古代晋国境内，出土了一大批共 5000 多件玉石片，其中有 600 余片上有较清晰可辨

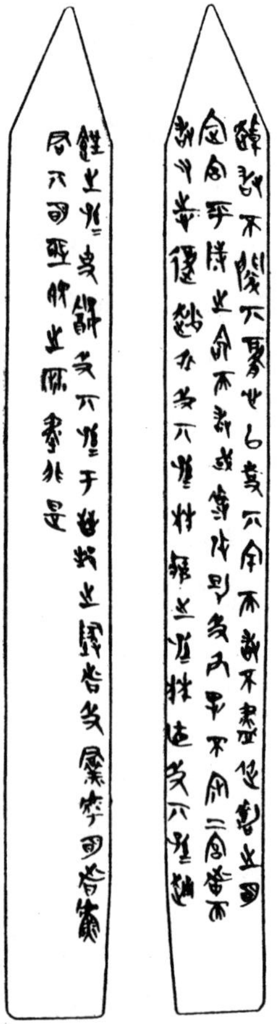

图 23　玉戈文与侯马盟书摹本

的文字，系用毛笔书写，多数为朱红色，少数呈墨色。书写的内容，一般是春秋战国时代在诸侯与卿大夫之间盛行的订立盟约时向神灵盟誓的誓词，即“盟书”，因此这一批有字玉石片叫作“侯马盟书”（图 23 右）。经过研究，多数学者认为这批盟书所反映的主盟人赵孟，就是春秋晚期的晋国六卿之一、新兴地主阶级的代表人物赵鞅。这批玉石上书写的字体，带有浓郁的地方特色，属于战国文字。

石刻文字中最为著名的，是唐代初年在陕西凤翔地方出土的石鼓文。石鼓共 10 个，每个刻诗一首，内容主要歌颂田原之美和田猎之盛，制作时代则有春秋、战国两种说法。但它使用的字体，属于秦国文字则是没有问题的。下面我们还将提到它。

3. 缯帛文

缯帛是古代的白色丝织品，可以书写文字，《墨子·尚贤下》就有“书之竹帛”的话，可见起源也很早。

缯帛文至今发现的不多，存世最早的一件，是 1942 年在湖南长沙东郊子弹库的战国楚墓中出土的（原件现藏美国纽约大都会博物馆）。书写的文字，由三段行款不同的文字组成，配以各种神怪图形，内容讲述日月四时形成的神话、天象失常的灾祸、一年内各个月份的宜忌等，是一篇至可宝贵的古代天文历数著作，也为研究古代原始宗教迷信思想提供了第一手的素材（图 24）。

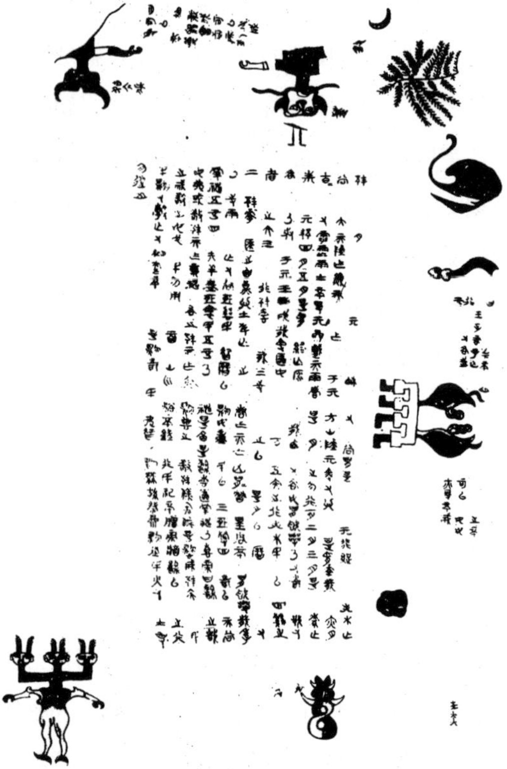

图 24　子弹库楚帛书（局部）

还有一件是1973—1974年在湖南长沙马王堆汉墓中出土的，约有十多万字，内容涉及六艺、诸子、术数、方技、兵书等方面，其中的帛书《老子》，可分为甲、乙本，是一种有别于今本《老子》的极具价值的重要版本（图25）。

图25 马王堆汉帛书《老子》甲本（部分）

这些缯帛上的文字，都属于战国时代的楚国文字，结构或简或繁，一字多形，起笔粗重，收笔尖细，总的来说应是当时楚国的应用型字体。

不少文字学著作都把“简帛文”列为一类进行介绍，可能是出于上述《墨子》“书之竹帛”的提法习惯使然。我们认为就目前为止，缯帛出土的数量，与简牍根本无法相提并论，所以不妨将二者分开，突出简牍文，专门列类叙述。

4. 玺印文

根据中国的古书《国语》和《左传》记载，大约从春秋时期起，各诸侯国公卿大夫之间的往返书信，有一种要用印泥加封，防止其他人偷看，叫作“玺书”，说明当时已经通行使用玺印，就是今天说的印章。

现今所能看到的最早的玺印，多数属于战国时期，是当时政治活动和个人交往中，用来昭明信用的凭证。玺印的材料，多为铜质，也有用银、玉、石、骨等制作的。它的面积不大，字数也就有限，一般不超过四个字。刻制的格式，不外乎“阴文”（也叫“白文”，即笔画呈凹形，印出来是白的）、“阳文”（也叫“朱文”，即笔画呈凸形，涂上朱砂印泥印出来是红的）两种。根据用途的不同，玺印大致可以分为官名玺、私名玺、吉语玺、肖形玺、标识玺等五大类（图 26）。

战国时不同的国家，官名常有不同，字体风格也纷繁有别。这些因素，反过来又可用来鉴定新出土或行世的战国玺印的国属。

1 官名玺：司马之钵　2 私名玺：枯成臣　3 吉语玺：正行

4 肖形玺（伏虎形）　5 标识玺：日庚都萃车马

图 26　战国玺印文

5. 货币文

顾名思义就是铸刻在古代货币上的文字，现存的实物，也是大多数属于战国时期。从形制来看，可以分为布币、刀币、圜〔yuán 圆〕钱等类（图 27），不同国家和地区的货币形制不同，铸刻的文字形体和笔画特点也有区别。

（五）战国文字

以上介绍的关于铸刻、书写在陶器、玉石、缯帛、玺

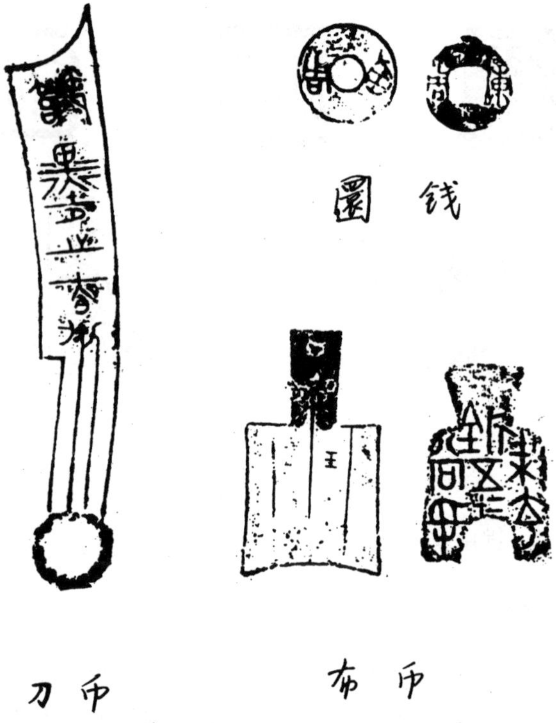

图 27　战国货币文

印、货币等载质上的古代汉字，由于材料比较零碎，而就现今考古所得，时代大多属于战国时期；从字形结构和书写风格来说，又和西周、春秋时期的金文有相当大的区别，因此，不妨给它们一个笼统的名称，叫作“战国文字”。当然，这也包括战国时期青铜器上铸刻的文字（即战国金文），尤其这个时期战争频繁，各国都十分重视兵器的制造。兵器上也大都铸刻有文字，如工匠、督造者的名字和官职、主管机关的名称等（图28）。这些材料，现在也大量出土发现，成为战国文字中的一大宗。

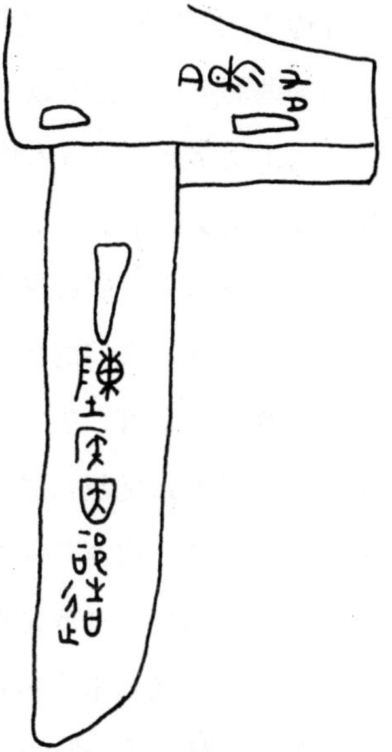

图28　战国兵器文

我们把“战国文字”也作为汉字发展史上一个相对独立的阶段；虽然这个名称和甲骨文、金文、简牍文相比，分类的角度并不一样，但不妨碍我们对它做一个概略的认识。

这个时期，由于诸侯国各自为政，互不统属，东周王朝的中央集权丧失殆尽，就连文字，也各写各的，所以各国的文字在形体结构和书写风格方面都有许多差异。大体说来，可以分为西方的“秦国文字”和东方的“六国文字”两大系统。六国指的是：韩、赵、魏（系春秋时晋国分出，又合称“三晋”）、齐、楚、燕，另外还有一些小国如越、中山等国的文字，也大致可以归入“六国文字”。

六国文字后来也有人称作“六国古文”。比起西周和春秋时期的金文，主要的不同是随意的简化。

简化就是大大简省汉字的笔画。这是因为战国时期生产力大为发展，人们的生活节奏加快，文化也不像殷周春秋时期为少数卜官、史官和贵族所垄断，一般人们书写文字的条件没那么优越，时间也没那么充裕，所以写起字来不免比较草率、快速，任意简化，这就使许多汉字的形体发生了奇特的变化：或是保留字的上半部分，而把下半部分仅用一、二横画来表示，如“马”字由写作，“法”字由写作；或是偏旁之间合用笔画，如“吉”字所从的“士”下面借用“口”的上笔，成为“”字形，“区（區）”字三小“口”的上笔都与“匚”的上下横画合用，成为；或是一个部件包容于另一部件之中，如“昌”字在齐国的货币文中多写作、，等等。

但是在某些地区和场合，也有将形体繁化的，就是加入某些部件，如中山国的《中山王礕〔cuò 错〕壶》及《中山王礕鼎》中，常见在字的某一部位加“口”或“曰”，如“念”字作“悆”，“斂（敛）”字作“歛”，等等。还有的将笔画加鸟头形或拖上长尾巴，也有的加虫子形，形成一种所谓“鸟虫书”，如楚国的《楚王饮肯盘》上的几个字：

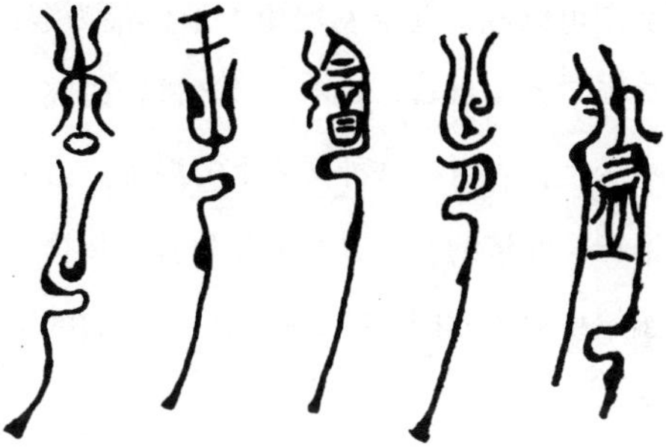

简直成为一种美术字了。

秦国文字的情况，较为特殊，留待下面介绍。

由于书写的随意性，所以战国文字的形体，在不同的国家与地区常有不同，例如：

楚　齐　燕　韩　赵　魏　秦

（三晋）

六
马
安
者

市 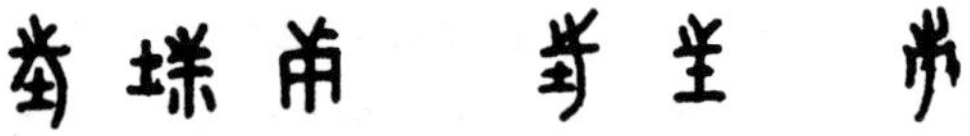

战国文字可以说是汉字发展史上形体最为混乱的文字，所以尽管掌握了许多材料，有不少学者进行研究，但是难认的字依然不少。在当时，这种文字上的混乱，大大影响了政治法令的推行、经济的发展以及文化教育的传播。因此，雄才大略的秦始皇灭掉六国、统一中国后，所做的第一件事就是统一文字。

（六）小篆

战国时代的秦国文字，后世许多学者把它叫作“籀〔zhòu 皱〕文”或者“大篆〔zhuàn 赚〕”，是相当工整的一种文字，比起西周和春秋时代的金文，变化也不算太大。这种字，可以用唐代时出土于该地区的《石鼓文》作为代表(图 29)。

同时，在秦国民间还酝酿与流传着一种书写起来较为简便而快捷的字体，例如秦孝公十八年（公元前 344 年）大良造（官爵名）商鞅为统一秦国度量衡制度而颁发了一种容量为一升的标准器，后世称为“商鞅方升”，其器壁上

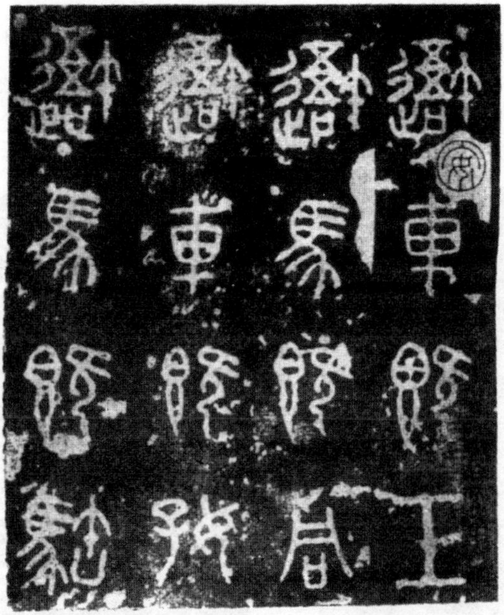

图 29 石鼓文拓片（部分）

镌刻的铭文，使用的就是这种新字体（图 30）。

秦始皇施行“书同文”，统一全国文字，就是以秦国上述两种字体为基础的。他的丞相李斯主持并参与了这一工作。整个工作分为两个步骤：一是废除六国文字中各种和秦国文字不同的形体；二是将秦国固有的籀文即大篆的形体进行简省删改，同时吸收民间字体中的一些简体、俗体字，加以规范。这样就形成了一种新的正式字体——小篆。相传李斯本人还用小篆书写了一些碑石，如《泰山刻石》《峄〔yì 异〕山刻石》(图 31)、《会稽刻石》等，以颂扬秦王朝的丰功伟绩，同时也作为这种新字体的范本。

图 30 商鞅方升铭文摹本

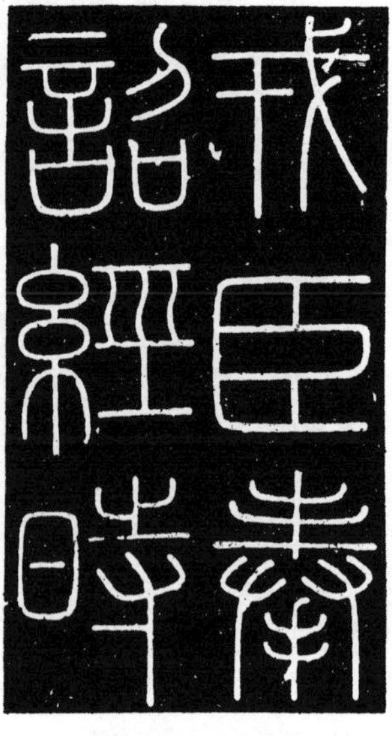

图 31 《峄山刻石》拓片（局部）

汉字发展到小篆阶段，前所未有地表现为定型化了。

（1）轮廓定型：由甲骨文、金文、战国文字的长短大小高下参差，变成基本整齐的长方形。如：

甲骨文　金文　战国文字　小篆

幽 

利 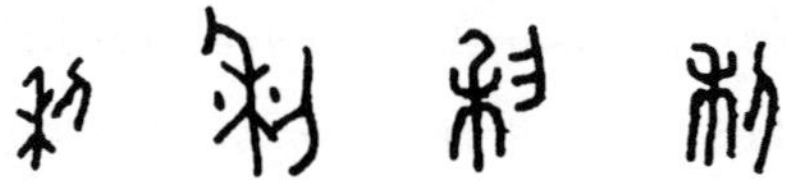

（2）笔画定型：由甲骨文、金文、战国文字的笔画方圆粗细不等，变成均匀圆转的线条。如：

甲骨文　金文　战国文字　小篆

止 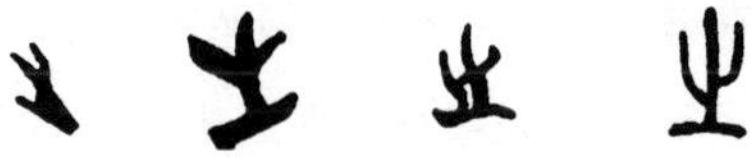

义 

（3）结构定型：由甲骨文、金文、战国文字的部件上下左右自由书写，变成具有相对固定的位置，同一字而有不同形体的现象也大为减少了。如：

甲骨文　金文　战国文字　小篆

得 

祝 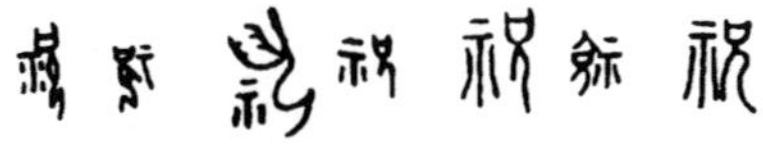

定型化了的小篆进一步削弱了汉字的象形意味，使汉字更加符号化，减少了书写和认读方面的混乱和困难。它是我国历史上第一次正式运用行政手段大规模地规范文字的产物，也是汉字在古文字阶段所迈出的最后一步。

以上介绍的甲骨文、金文、简牍文、战国文字直至小篆，今天被统称为汉字的古文字。对于汉字的古文字的研究，也已形成了一种专门的学科，叫作“古文字学”。

汉字的古文字在今天已经基本丧失了实用的功能，但它们在书法、篆刻等艺术领域还占有相当重要的一席之地。古文字学的发展，对于促进中国古代历史、哲学、经济、法律、文化乃至科学技术的研究，都具有极其重要的意义。

四、汉字的孳乳

（一）汉字是怎么造出来的

现在，我们来看汉字的“字”。这个字由“宝盖头”——宀（表示屋子）底下一个孩子的“子”组成，它的意义是与生育有关的。所以我们说“字”，就有产生、孳乳并且越来越多的意思。这里我们就来了解一下汉字是如何孳乳增多的。

我们已经知道，中国历史上有过诸如仓颉创造文字之类的故事，但那只是后代人附会加工的传说。汉字不可能是某一个人的发明，而是历代人民大众，包括知识分子共同创造的。起初创造的汉字，可能是杂乱无章的，各人依照各人的法子造字。可是在使用、流通的过程中，慢慢地就形成了某些造字的规则，不按这些规则造出来的字，大伙儿不承认，流传不下来，很快就消亡了。所以流传下来的汉字，基本上都是符合造字规则的。

那么，汉字都有哪些造字规则呢？也就是说，汉字是怎样造出来并且用来记录汉语的呢？

1. 象形

上面曾经提到，最早的汉字有相当部分是类似图画的字，叫作“象形字”，像甲骨文中的“月、雨、鱼、衣、木”等，都是描写和表现大自然与外部事物的象形字。它们都各自记录所代表的那个词。

2. 指事

有一些表示较为抽象的事物的词，写成字时无法用图画来表现，只好使用一些记号，如“上”“下”在甲骨文、金文里写成𠄞、𠄟，长横画表示地平面或是某一位置的界线，短横画表示是在地平面或界线的上方或下方。这不就简单明了地把“上”“下”这样的概念用文字表达出来了吗？我们的祖先是多么聪明呀！这两个字，小篆写成丄、丅，后来就写成“上、下”了。

也有的是在象形字的基础上，添加某种记号表示事物或概念，如：

本　“根本”的意思。甲骨文写成，“”是木（树木）的象形字，三个“0”是添加的记号，表示“根本（树根）”所在的位置。金文写成，小篆写成，都把三点改成一横，也是一种记号。后来写作“本”。

末　“末端”的意思。金文写成，是在上方用一短横表示树木的末梢；小篆写成，把短横拉长了。后来写作“末”。

刃　“刀口”的意思。小篆写作，是“刀”的象形，一短横是记号，表示“刀口在这里”。后来写成“刃”。

亦　甲骨文、金文、小篆都写作，“”是表示人的正面的象形字，两小点“八”表示人的两个腋窝的位置所在，这本是“腋”的古字。古文字字形还能体现这个意思，后来写成“亦”，就看不出来了。

像上述这些单纯使用记号，或是在象形字的基础上添加记号来记录词的字，叫作“指事字”。指事，就是用记号指示某种事物。用这种方法造出来的汉字，并不是很多。

3. 会意

在介绍“甲骨文”的时候，我们也讲过一些用两个象形字表示一个概念或一种事物的字，如休、从、北（背）

等。像“人”靠着“（树）木”，一看就能明白是“休息”的“休”字，这叫“会意”字。会意，就是一看就能领会其中的意思。

让我们再看一些例子。这些会意字，有不少是得借助古文字字形才能表示出来的。

木 单株的树；林、森是树木的丛集，即树林。

人 单个的人；众，是许许多多的人。

莫 古文字写成，是太阳（⊙）落到草丛（）中去了，意思是“傍晚”。，是单株小草的象形，所以表示草丛。

步 甲骨文写成，金文写成，像一前一后的脚印，表示“步行”。

涉 意思是渡过水流（江、河等）。甲骨文写成、，金文写成、，是一个“步”（两只脚印）跨过或正在横跨水流（、）。

有的会意字较为复杂，是由好几个表示象形的部件构成的，例如，表示“炊爨〔cuàn 窜〕”即“煮饭”意思的“爨”字，小篆写作，表示一个人的双手，是做饭的工具（一种锅），是做饭的灶台，底下的表示作为燃料的木头，正由另一个人（合作者）的双手（）往灶里塞，底下点燃了火（火），于是就开始做饭了。你看，这是多么生动、细腻的古代先民的一幅行炊图！

会意是汉字造字的一大特色。通过会意，可以直观地表达不少单纯用象形字或指事字难以表达的复杂概念或事物。造出来的字，使人易于领会、明白，所以早期的汉字中，有相当多的会意字。

4. 假借

象形、指事、会意，都是让人通过字形就能知道字义，也就是它所记录的词的意义。所以，这是汉字的三种造字法，也是三种记录汉语的词的方法。那么，如果所有的汉字都用这三种造字法造出来，认学起来岂不就很容易吗？可是，汉语中有许多含义复杂、抽象的词，是难以用这三种造字法直观地从字形上表现出来的，例如一些表示方位的名词（东、西、南、北等），表示性质的形容词（难、易、骄等），指代人或事物的代词（我、之、其等），尤其是一些没有具体意义、只表示词与词之间的某种关系或句子语气的虚词（之、乎、者、也等），都无法用这三种造字法直接把它们造出字来。

我们也知道，文字只是记录语言的工具。汉字是用来记录汉语的，古代汉语的多数单音节词使得单个的汉字往往能和词对应，字音、字义，实际就是词音、词义。造字时的字形则要用来体现所记录的词的本义，叫作“造字本义”。象形、指事、会意三种造字法，一般都能体现出造字本义。但是，如果照上面所说的，有好些词无法用这三种造字法来直接表示词义，只好光记录下这些词的音，这就只有借用已有的同音的字，而顾不得这些字原来的造字本义了。这样，也能很好地完成记录汉语的任务。这种不造新字、只是借用已有的汉字记录汉语的方法，叫作“假借”（假，也是“借”的意思）。例如：

东 甲骨文写成、，金文写成、，像一个两头扎口的袋子，是象形字；被假借来记录东方的“东”。

难 原是一种鸟的名字，假借来记录“困难”的“难”。

易 金文写成，像一种有脚的蛇（蜥蜴），假借为表示“容易”的“易”。

我 甲骨文写成、，是一种像戈形的兵器，假借为表示第一人称代词“我”。

亦 前面介绍过是一个表示“腋窝”所在部位的

指事字，后来假借为表示“也是”意思的“亦”。

何 甲骨文写成，金文写成，像一个人在挑担子，假借为表示“谁”“什么”的“何”。

语言随着社会的发展而发展，新事物、新概念越来越多，新词也就越来越多。在记录语言的时候，往往遇到无法用象形、指事、会意这三种造字法来造新字，或者干脆就来不及造新字，都只借用已有的同音字，就是使用假借字。

在早期汉字里，我们就发现有大量的假借字，如甲骨文中一条常见的卜辞：“癸卯卜，今日雨。其自西来雨？其自东来雨？其自北来雨？其自南来雨？”一共使用了13个单字，其中用作假借的就有9个字（癸、卯、其、自、西、来、东、北、南），可见假借字之多。

5. 形声

但是，如果我们的先人只是使用同音假借的方法，用一些有限的汉字记录汉语中众多的同音词，那么同一个汉字就不免要含有许多的意义，以至于在一个句子里，某个汉字所记录的到底是哪个词，就要很费脑筋去斟酌了。例如“辟”字，有“刑法”“君王”的意思，可是早先它又承担记录“偏僻”的“僻”、躲避的“避”、开辟的“辟”、譬喻的“譬”等词的任务。兼职太多，就不容易分辨，也就影响交际了。

于是古人又想出一种造字的方法，就是添加部件而把同音的汉字加以字形和意义上的区分。这主要是在原有字上添加表示不同意义的部件，例如：

般→盤 甲骨文中商王盘庚的“盘”、金文杯盘的“盘”，原都写作“般”，后来杯盘的“般”加“皿”表示是一种器皿，以与盘庚的“般”相区别。不过再到以后盘庚的“般”下部也加“皿”了。

止→趾 甲骨文中的“止”作、，像一只脚印，正是脚趾的“趾”的古字，后来也被用来表示停止、阻止的“止”，为了相区别，就在表示脚趾的“止”字上加个足字旁，成为趾。

县→懸 县字在金文中写作，像一颗脑袋（首级）倒挂在木柱上示众，是个会意字，也就是悬挂的悬字。可是后来县字又用来表示郡县的“县”，于是表示悬挂的“县”就在下部被加了个部件“心”。

益→溢 甲骨文中的“益”写作，小篆写作，表示水从器皿中漫溢出来，是一个会意字，也是“溢”

的古字。可是后来又用来表示利益的“益”，于是表示漫溢的“益”就被加上了水字旁。

上述字例中添加的部件“皿”“足”“心”以及“氵(水)”，是用来区别意义和不同字形的，或者说是用来表示新字所属意义的类别的符号，所以叫作“义符”，或叫作“形符”。而原来的“般”“止”“县”“益”在新字中仅仅成为表示读音的部件，表示新字与原先的这几个字同音，所以叫作“声符”。

由形符和声符构成的汉字，就叫“形声字”。

另一方面，为了更精密、准确地记录语言，有时也在原有字形上添加表示读音的部件，这样人们一看字形就能知道它所记录的词的读音了。例如：

齿 甲骨文中的不同形体（见前）都只是表示了牙齿的形状，是个象形字；后来添加了声符“止”。

宝 甲骨文写成，像房子里有贝和玉，是一个会意字；到了金文，就添加一个声符“缶”，成为“寶”，后来简化为“宝”。

耤〔jí 疾〕 甲骨文写作，像一个农夫持耒〔lěi 垒，一种农具〕耕田的样子，也是个会意字。到金文中，这个字作，增添了声符“昔”，后来简化为“耤”。

这样，原来的形体成为新字的形符（义符），也构成了形声字。

形声字的发明可真是太好了！因为它一方面使汉字记录汉语的时候，能够标明词的读音，使人一看字形就能读出声音来；另一方面，更为重要的是：由于有形符（义符）区别不同的意义和字形，即使同一读音的词，也不必担心其中可能引起混淆了。

因此，形声成为汉字孳乳演变历史中最受欢迎、最富有生命力的一种造字法。今天的汉字中，形声字占有90%以上。可以认为，汉字在历史上之所以没有走上拼音文字的道路，形声字的发明也是一个重大的因素。

顺便说一下，甲骨文里也已经有了不少形声字，有人统计达到20%之多。从以上的叙述可以知道，形声字的产生，应当在象形、指事、会意、假借之后，所以甲骨文已经是一种相当成熟的汉字了。由此也不难推断，汉字在甲骨文之前一定还有较为原始的阶段，只是今天我们尚未发现有足够的证据罢了。

最后，我们还要介绍汉字的一种“兼义造字”方法。上面说过，汉字造字时的字形要用来体现所记录的词的本义，叫作“造字本义”。但是，由于汉字的产生远远晚于汉语，在创制汉字的时候，汉语的词汇已经相当丰富了，造字时有时不免针对一个以上的相关词义而有所兼顾，造成有的字不止一个“造字本义”，例如甲骨文的“雨”字，是一幅天上掉雨点的象形，那么，这是指动词“天上下雨”呢，还是名词“天上下的雨”？这两个意义，在作为同一时代的甲骨文的文例中都能找到，所以只能说这个“雨”字属于“兼义造字”。

又如“易”字，甲骨文早期的形体像两酒器（姑名为甲、乙）互相倾注承受酒液的样子。从这个形体可以领会到它所表示的下述意义：a. 甲器给予乙器以酒液，表示“赐予”，即后世“赐”的本字。b. 甲、乙两器分别所盛酒液的量，因倾注与承受而有所减增，所以有“变易、更易”的意义。c. 这种倾注与承受的过程，轻而易举，所以有“容易、简易”的意义。“易”字由字形所表示的上述词义，在古代文献中均有所体现并为前人所归纳，这里就不展开说明了。总之，这个“易”字，就是一个很典型的“兼义造字”。当然，只是少数的字属于兼义造字，不过这是汉字造字历史上客观的存在，也是汉字造字有趣味的一种现象，所以值得在这里加以介绍。

（二）造字法的总结——“六书”

汉字的造字法是人们在造字的过程中逐渐形成的。和造字本身一样，也不是某一个人的发明创造，更不是先有人制定出了造字法然后再来造字的。

不过，当汉字达到一定数量的时候，就有人开始来归纳汉字的造字法了。于是在战国时代，就出现了“六书”的说法，见于当时一部关于政治典章制度的著作——《周礼》之中。“六书”，就是关于汉字造字规则的归纳和总结，也是一种理论。拿这种理论教小学生认字，就能收到既快又好的效果。

然而，对于“六书”的名目和内容，《周礼》并没有加以说明。直到东汉时期，才有人具体介绍“六书”，但是说法不大一样。影响比较大的说法有两种，一种是班固（公元32—92年）在《汉书·艺文志》中所说，叫作“象形、象事、象声、转注、假借”；一种是许慎（公元58—148年?）在《说文解字·叙》中所说，叫作“指事、象形、形声、会意、转注、假借”。

我们在上一节的叙述中，实际上已经把“六书”的名称及其内容做了初步的介绍。我们使用的是许慎的名称，但是依照的顺序是象形、指事、会意、假借、形声，与许慎不同。这种安排，一是符合汉字造字发展的实际情况，同时，也便于记忆。只有“转注”，我们没有提及，因为“转注”一般认为是指音近义同的不同汉字之间的互相训释，只是用字的问题，与直接的造字方法无关。

假借，也不直接造字，只是同音汉字的借用。但是，如上所述，由于假借方法的运用，促进了后来占汉字绝大多数的形声字的产生，从而决定了汉字体系的性质，因此，假借法在汉字发展史上起了很大作用，值得大书一笔。

许慎给“假借”下了一个定义，叫作：“本无其字，依声托事。”就是说，在记录新词的时候，本来没有那个字，根据同音取一个现有的字加以表示。这是符合我们上面所说的假借方法的特点的。但是，后来还有一种情况，就是古代由于用字不大规范，有时候某个词已经有了某个汉字来表示，但人们却不用它，而用其他的同音字来表示。例如“早晚”的“早”字，在战国时代已经出现了，可是人们多半用“跳蚤”的“蚤”字来代替它。西汉司马迁（公元前145—前90年左右）在《史记》的一篇记述“鸿门宴”的传记（《项羽本纪》）中，有“旦日不可不蚤自来谢项王”（明天不可以不早些亲自来向项王道歉）的话，句中的“蚤”字就是“早”的假借。像这种假借，应该属于“本有其字”，不同的是音同通用罢了，后来叫作“通假”。通假，实际上就是写别字。但是这种现象在汉字的使用历史中，是相当普遍的，可以说是古人的一种用字的习惯，所以也在这里提一下。

关于“六书”，我们还要知道的是：它不仅表示汉字的造字方法和规则；根据它，我们还可以分析汉字的构造，从而得知汉字的造字本义，这对我们学习和运用汉字具有很大的帮助作用。不过，“六书”是针对汉字的古文字阶段而归纳出来的，随着汉字字体和结构的演变，有不少汉字的形体就难以运用“六书”来分析它的造字本义了。例如金文中表示“太阳”的象形字⊙，到小篆阶段就变为⊟，我们今天写成“日”，就都看不出是象形字了。因此我们今天要运用“六书”来分析、了解汉字的构造和造字本义，还是要时常借助古文字字形的。如果只是根据现代日常书写的字体来贸然从事，就难免出差错。

“六书”，是汉字造字的总结，也是造字的指导。“六书”理论产生以后，汉字的孳生并未停止。后世产生的许多新字，基本上是运用“六书”的。但是有一种现象值得注意，就是新造的汉字，必须符合社会的需要，符合记录汉语的需要。符合需要，才能站得住，用得开；否则，即使动用了政府法令和行政力量，也不管用。比如，三国时吴国景帝孙休热衷于造新字，给他的四个儿子都起了很古怪的名和字，都是新造字，如太子名䨻（音湾）、字莔（音迄）之类。唐代武则天以女性登基，担心政权不稳，于是接受臣下建议，造了许多新字，如将“国”改为“圀”，意思是武家的天下；还把自己的名字改为“曌”（音照），也是一个新造字，意思是把自己比作日月临空。但无论是孙休也好，武则天也好，尽管他们利用皇权，将这些新字颁行天下，却都没有能用开。而近代以来，鲁迅造了一个“猹”〔chá 茶〕，记录一种类似獾的小动物；刘半农造了一个“她”，作为单数第三人称表示女性的代词。虽然他们只是作家，没有任何行政权力，但是这两个新字符合了记录汉语的需要，所以都站住了，有关现代汉语的词典都加以收录。这些事例是能够发人深省的。

（三）汉字的数量和字典

由于汉字的孳乳，它的数量必然从少到多，不断发展。

这种发展的情况，可以通过记录汉字的档案——字典而得以了然。

记录迄今为止我们所发现的汉字的最早字体——甲骨文的字典，具有代表性的是《甲骨文编》。这本书由孙海波编集，分为三大部分：一是“正编”，收录目前大体可以认识的字，共1723个；二是“合文”，收合文371条；三是“附录”，收录目前未能辨认或虽经有人辨认而尚未成为定论的字，共2949个。因而甲骨文的单字数量总计是4672个。

收录金文，包括殷商、西周、春秋、战国诸时期金文字形和数量的字典，叫作《金文编》。它的编者是容庚。这本书分为“正编”和“附录”两大部分，“正编”收字2420个，“附录”收字1352个，二者相加是3772个。

现在看来，殷周金文只有3000多字，比它还早的甲骨文却有4000多字，似乎不符合汉字字数由少到多发展的规律了。这是为什么呢？主要是因为甲骨文的图画性质比金文的总体来得浓厚，有不少还是较为原始的图形文字，人名、地名等专用字特别多，大量是早已消亡而今天未能识别的。而金文则合并了甲骨文的许多图形文字，人名、地名等专用字也少一些，所以总字数就减少了，但是能辨认的字则比甲骨文多。

这以后，汉字的数量就呈现不断上升的趋势了。

从问世的年代来说，《说文解字》是我国记录汉字的第一部字典。我们在上文已经不止一次地提到由东汉学者许慎编撰的这部著作。《说文解字》主要收集汉字的小篆字形，共收字 9353 个。许慎首创将汉字依照形体和意义进行分部排列，共分 540 部；每部的第一个字，叫作“部首”。汉语字典到今天还有“部首排列法”，应该归功于许慎的发明。只是今天一般字典使用的部首，都在《说文解字》的基础上做了归并，只有 200 多个了。

西晋吕忱编了一本《字林》，也按《说文解字》分 540 部，收字达到 12824 个。

南朝梁陈之间的顾野王，编有字典《玉篇》，分 542 部，收字 16917 个。

隋代陆法言编有《切韵》。这是一部“韵书”，就是将汉字按照读音的不同进行排列，主要供人们作诗押韵时查检。韵书也有对汉字形体和意义的说明，所以也是一种字典。《切韵》到后世已经失传，但北宋初年还存在。当时的一帮学者以陈彭年为首，在《切韵》的基础上编修了《广韵》，收字 26000 多个。

到了明代末年，有一位叫梅膺祚〔yīngzuò 英作〕的学者，编了一本《字汇》，收字 33179 个，简化《说文解字》部首，合为 214 部。

清代由康熙皇帝下令编修了一部《康熙字典》，由张玉书等学者集体合作。全书部首也是 214 个，收字 47035 个。

有人做过统计，汉字在《康熙字典》编成之前，每隔五六百年左右，就要增加五六千字到一万字左右。也就是说，每年大约要增加新字十几个。

《康熙字典》以后，汉字的增加就不多了，新增加的主要是一些科学技术的新造字和某些地方的方言用字。1915 年《中华大字典》出版，收字 48000 个。1968 年台湾出版《中文大辞典》，收字 49905 个。

1986 年，四川辞书出版社出版了《汉语大字典》，共八册，收字 54000 多个。2010 年，第二版出版，新收 6000 余个字头，收字共计 6 万余个。

但是，历代实际使用的汉字都不过只有几千个，大量的汉字只是历史上来去匆匆的过客，或者只在很小的范围内被少数人使用，但它们却都被字典记录在案，成为“死字”“字典字”。另外，有些形体不同的字，实际上只是同一个字的不同写法，叫作“异体字”（详后），例如“升、陞、昇”“札、劄、剳”等，许多字典也都作为不同的字头收录了。这样，怪不得历代字典所收的汉字，就越来越多了。

五、汉字的进一步定型

（一）隶书

小篆虽然是较整齐的长方形，结构由均匀圆转的线条组成，可是写起来并不方便，很快地在民间出现了一种较为草率的新字体。这种新字体首先是破坏了小篆的端庄工整，把圆转弯曲的线条写成带方折的。这种新字体，据说当时在下层小官吏、差役（皂隶）、工匠、奴隶中较为流行，所以称为“隶书”。也有人说是罪犯程邈〔miǎo 秒〕在监狱中整理的。开始阶段的隶书叫作“古隶”，又叫“秦隶”。近些年出土的许多秦代简牍上，书写的就是秦隶文字（图 32）。

隶书在秦代灭亡后得到进一步的推广和流行。随着纸张的发明和毛笔的改良，进入西汉以后，隶书又出现了新的面目，轮廓由较方变为较扁，笔画中出现了较多的波

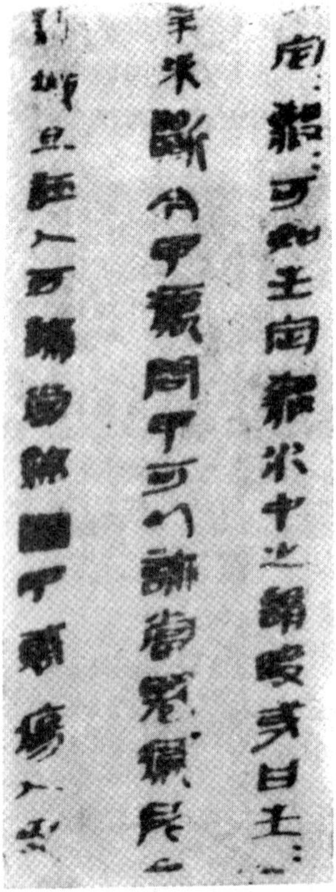

图 32 湖北云梦睡虎地秦简（局部）

磔〔zhé 折〕，有所谓“蚕头燕尾”的说法。这就是“汉隶”，和古隶相对，也叫“今隶”，还有叫“八分”的。在我国的西北、华北地区，近几十年间发掘出大量的西汉简牍，有相当部分书写的已经是这种今隶了。东汉中期以后，隶书成为官方承认的正式字体。当时出现有大量丰碑巨碣，正文书写的都是今隶字体（图 33）。小篆一类的字体，反而只能用作碑额（即标题）的书写了。

图 33　东汉曹全碑拓片（局部）

隶书比起小篆来，在笔画造型和形体结构方面都发生了较大的变化。

（1）将小篆不规则的曲线和圆转的线条变为平直方整的笔画，从而使汉字进一步符号化，几乎全部丧失了象形意味。例如：

这几个字在甲骨文、金文中都是描绘细致、形象逼真的象形字（为节省篇幅和排印方便，略去有关形体）。在小篆中虽然已经比较线条化、符号化，但还保留一定程度的象形意味，如残存了“鸟”的爪子与尾巴，“燕”“鱼”的尾巴，“马”的腿和尾巴；但在隶书中都变成了四个点，就再也看不出象形的原形了。“衣”和“舟”写为隶书后，也是看不出它们原先多少像上衣和船的样子了。

因此，隶书把汉字的象形字，变成了“不象形的象形字”，这在汉字的发展史是一个很大的变化。

（2）分化与归并了小篆的偏旁（就是合体字的部件，

如形声字的形符或声符），较大程度地改变了汉字的形体结构。这可以从两个方面来归纳：

a. 小篆中的同一偏旁随着在隶书中的不同位置而改变为不同的形体。例如：

炎　烘　熬　尉　赤　光　黑　邻

小篆
隶书

在小篆中，上述各字都有一个偏旁“火”，它不管在什么位置都是一样写法，都还保留单体字的形状；但在隶书中却随着不同的位置分化为“火”“灬”“小”“⺌”“⺖”等不同的形体，大多数看不出原来是个单体字了。

这种分化，也可以说是为了便于书写和安排全字结构，例如：

有　秉　寸　史　友

小篆
隶书

这几个字的小篆形体都有部件“彐”（右手的象形），但在隶

书中被分化为“𠂇”“彐”“寸”“乂”“又”。这样书写较为方便，也使全字的安排更为平衡、匀称。

b. 小篆中的不同偏旁在隶书中被归并为同一形体。例如：

以上三组例字中，第一组隶书中含有“西（覀）”的形体，在小篆中各不相同；第二组隶书中上部形体都是“𡗗”，在

小篆中也各不相同；第三组隶书中的偏旁都是“月”，但实际在小篆中分别属于“月”“肉”和“舟”。

（3）隶书的形体，较之小篆往往有所减省。例如：

香　雷　书　雪　屈　曹

小篆

隶书

比起小篆的形体，隶书的“香”字减省了“氺”，“雷”字减省了“畕”，“书”字减省了“者”的上半部，“雪”字减省了“丰丰”，“屈”字减省了“毛”，“曹”字的减省就更多了，省去一个“東”，并将另一个“東”省为“亩”。

总体来说，汉字的形体从小篆变为隶书，有了很大的简化，也更便于书写了。

汉字由小篆演变为隶书，叫作“隶变”。隶变是汉字发展史上的一个重要的转折点。它结束了汉字的古文字阶段，而使汉字进入更为定型的阶段。隶变之后的汉字，接近今天使用的汉字，我们看起来就比古文字要容易辨认多了。但是也正因为隶书的形体较之甲骨、金文、小篆等古文字形体有了较大变化，许多偏旁、部件发生变形或被兼并，导致许多汉字直接表义的功能被削弱或淡化了，不能做到“见字明义”。这是今天探讨汉字字义时必须加以反复强调的一个重要因素。

（二）草书

草书，就是写得草率、快速的字体。主要特点是字的内部笔画乃至字与字之间可以萦连书写。按说任何字体都可以草写，都可以有草书，但是文字学所指的“草书”是一种特定的字体，它是民间从隶书发端萌芽的。在 20 世纪以来所出土的西汉初期用隶书书写的帛书和简牍中，可以看到有些字已有连笔书写的现象。到西汉晚期，就出现了具有后世草书风格的字体，如甘肃居延出土的汉成帝元延二年（公元前 11 年）简(图 34)。

1985 年在河北沧县北白塔村的汉墓葬中出土了一块已经断为三截的砖，砖面上涂着白粉，又用朱砂书写了约 50 个字，书迹清晰，是一种隶书基础上的草书，运笔活泼洒脱，带有浓烈的民间气息（图 35)。

图 34 西汉成帝元延二年简

图 35 汉代朱书砖

进入东汉以后，这些在民间流行的草书，经过文人、书法家的加工，就有了比较规整、严格的形体，可以用在一些官方场合，如书写呈给皇帝阅看的章奏，所以叫作“章草”（图 36）。

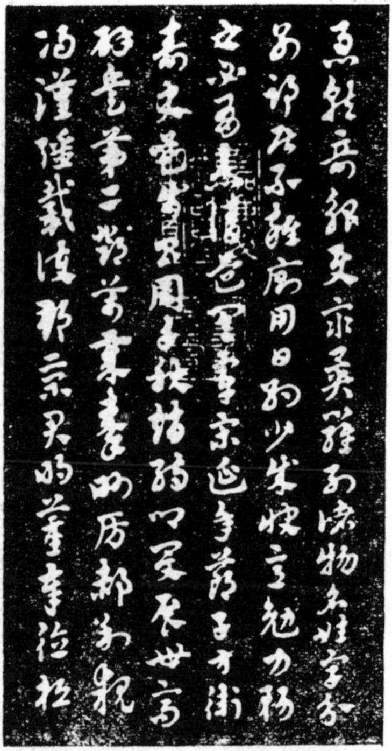

图 36　章草《急就章》（片断）

章草还带有一些隶书的味道，如保留了隶书的波挑和捺笔。在楷书（见下节）产生之后，草书在楷书的基础上进一步发展，不但笔画之间可以连写，上下字之间也可以连写，隶书笔画的某些特征也消失了，这样形成了另外一种类型的草书，叫作“今草”（图 37）。

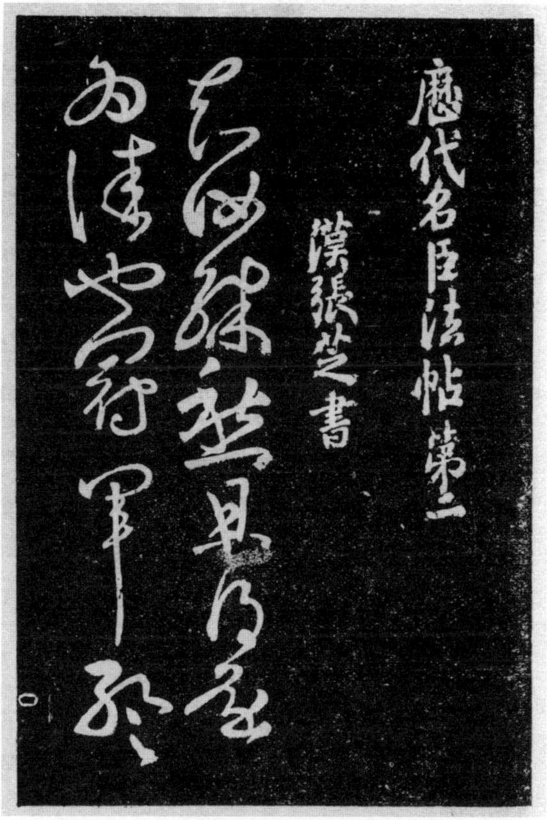

图 37　汉张芝草书

草书不但笔画、字间连写，而且形体高度简化，这样才能写得快。我们今天使用的一些简化字，如“东”“为”“长”“书”“专”等，原来都是草书的形体。但是后来出现的某些草书变体，如所谓“狂草”，把汉字形体简省得太过分了，而且带有随意性，一般人难以辨认，因此逐渐失去了它的实用价值，只能作为一种书法艺术品供人欣赏。

（三）楷书

楷书也是直接脱胎于隶书。它把隶书笔画的写法改变了，主要表现在横笔的末端不再向上挑，而是收锋；点笔由长形变为带圆状；撇笔的方向改为斜向下，出尖锋；钩笔不用慢弯，成了硬钩。更重要的，它把汉字由隶书的扁形，改为基本上呈现方形。后来很多人常把汉字称为“方块字”，就是针对楷书讲的。

在形体结构方面，楷书和隶书则差不多。所以只要认识楷书的，一般都能辨认隶书。

楷书还有另外的名称，叫“正书”“真书”。这都说明楷书是供人学习和运用的正规书体。但这些名称，都是后来楷书取得正规字体地位后才有的。

早期的楷书和草书简直难以区分，因为它们都是隶书的变体，同时都来自民间。图 35 的汉代朱书砖，可以认为草书的味道多一些，还有如图 38 的东汉熹平元年（公元 172 年）的陶瓶上的书迹，系对隶书的笔意做了些变化，但总体效果是比较工整。有的学者把它叫作“新隶体”。其实，也不妨认为是早期的楷书，是一种隶楷过渡型的书体。

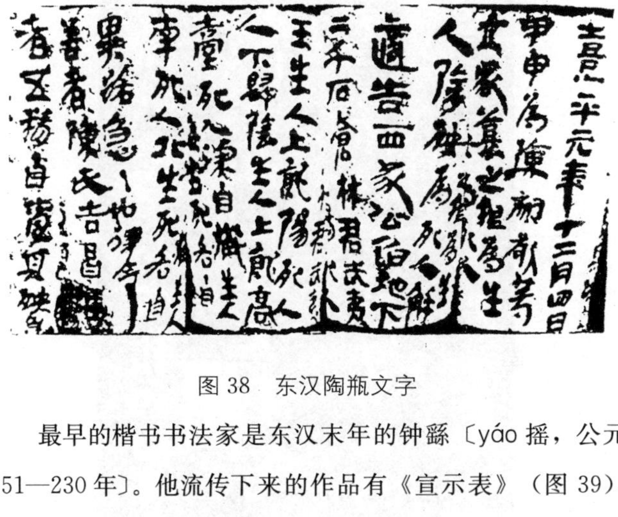

图 38　东汉陶瓶文字

最早的楷书书法家是东汉末年的钟繇〔yáo 摇，公元 151—230 年〕。他流传下来的作品有《宣示表》（图 39）、《力命表》《荐季直表》等。从这些作品看，还多少残留着隶书的笔意，如字形呈扁状，横笔有波势，捺笔向上挑等。

进入两晋南北朝以后，楷书成为主要的字体，但在很

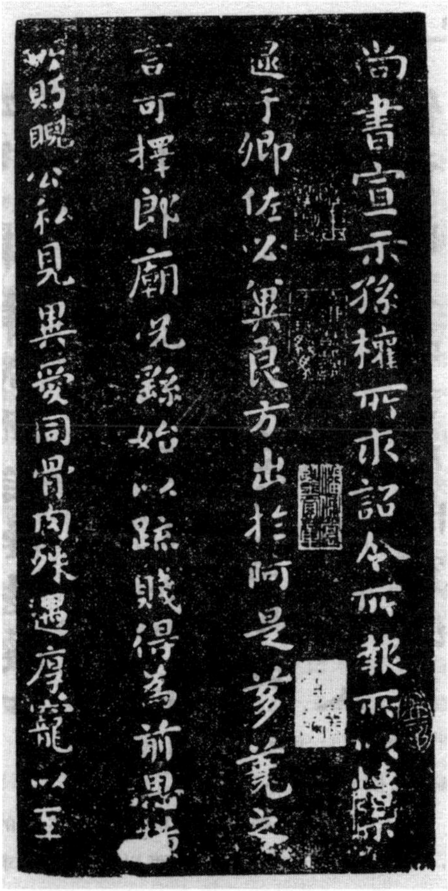
尚書宣示孫權所求詔令所報所以博
逮于卿佐必冀良方出於阿是芻蕘之
言可擇廊廟況繇始以疏賤得為前恩橫
所盻睞公私見異愛同骨肉殊遇厚寵以至

图 39 钟繇《宣示表》(片段)

长的一段时间里，难以完全脱离隶书的味道，例如图 40 的晋人写经，就还是带有钟繇的风格。在北朝以北魏为主的大量摩崖、造像、碑碣、墓志上的铭文，虽然写的是楷书，但时常有意追求古拙，加之刀刻墨拓的效果，大多显得方正凝重，却也变化多端，面目丰富，清代晚期以来，很受书法家的喜爱，称之为魏碑体或魏体（图 41、42）。

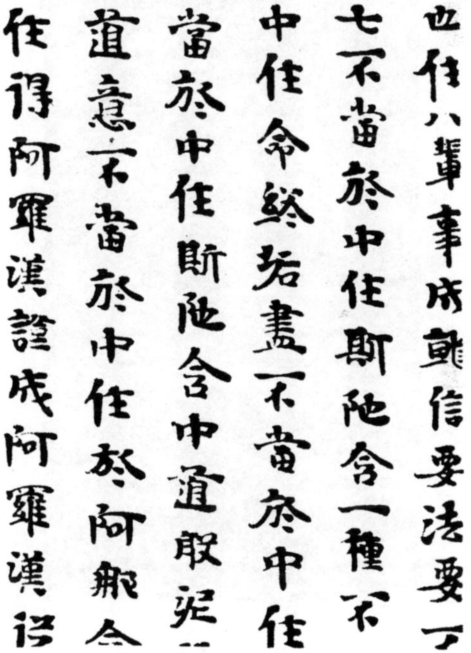

图 40　晋人写经

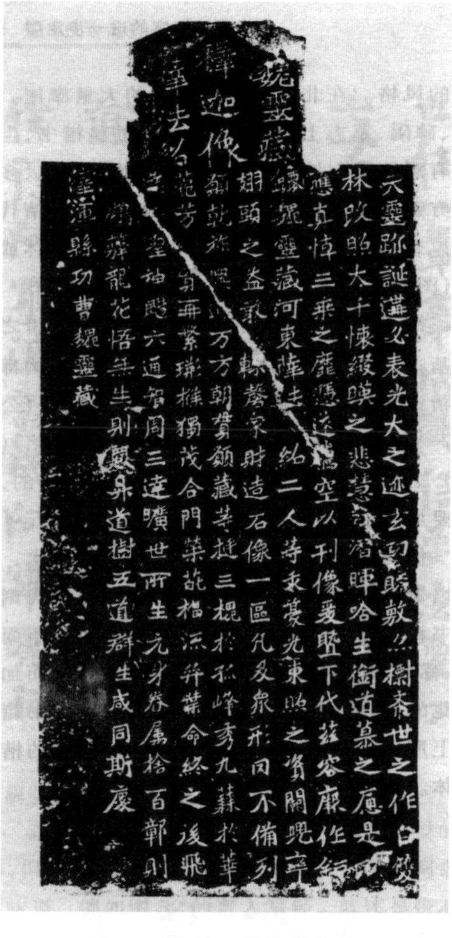

图 41 北魏灵藏造像拓片

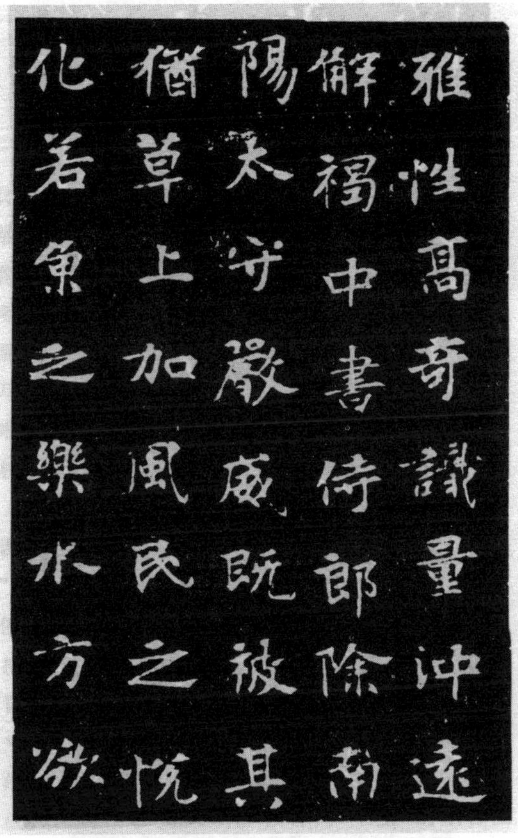

图 42 北魏张黑女墓志拓片（部分）

楷书经历了上述长期的变迁，到隋唐之际才基本成熟。定型之后的楷书，笔画、结构都非常精致、严谨，像唐代著名书法家欧阳询（公元557—641年）的作品《九成宫醴〔lǐ礼〕泉铭》（图43）就是楷书的范本之一，历代学习写字的人，都要加以临摹的。

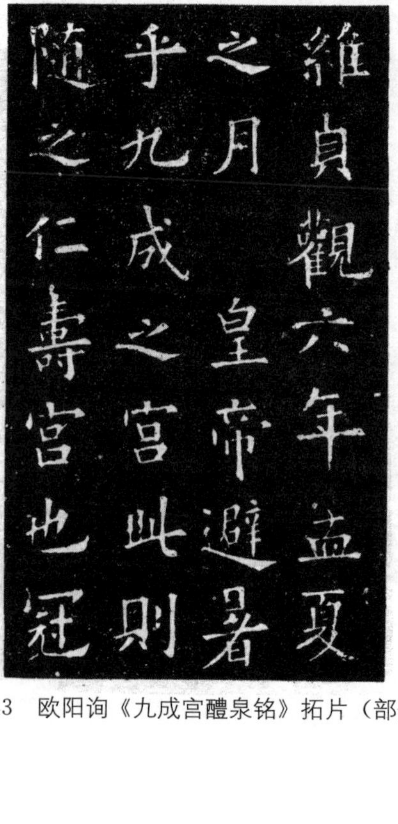

图43 欧阳询《九成宫醴泉铭》拓片（部分）

作为我国古代四大发明之一的印刷术，就是以楷书作为印书的主要字体的。在宋代刻印的书籍中，楷书被美术化，写得更加规矩而漂亮，称为“宋体字”。后来还有模仿宋体字而加以变化的，叫作“仿宋体”。我们今天阅读的书籍报刊上所用的字体，大致还是这一种风格的楷书变体。

（四）行书

行书，是介于楷书和草书之间的一种字体。它不像楷书那么工整，也不像草书那么奔放。过去有人打比方，认为楷书像人的端坐，草书像人的奔跑，行书则像人的行走。因为行书比楷书随便些，可以写得快，又不像草书潦草得让人不易看懂，所以最受到人们的喜爱。至今我们平时写信、做文章，使用的一般都是行书。如果写得端正一点，就叫“行楷”；如果向草书靠拢，写得放纵一点，就叫“行草”。

行书的产生也是很早的，某种程度上可以说是与楷书、草书同时产生，因为所谓“行楷”“行草”，只是很模糊的概念，没有绝对的界限。但是到了这三大书体各自成熟之后，彼此的风格与特点还是判然可分的。无论如何，大概在魏晋时代，行书就开始在民间流行了。20 世纪以来，我国新疆地区古代楼兰国遗址出土了大量的魏晋文书残纸，里头有不少写的已经是相当成熟的行书（图 44）。被称为“书圣”的东晋大书法家王羲之（公元 303—361 年）创作了大量的行书作品，长期以来备受后人的宝爱。他的书法代表作品《兰亭序》，被后世誉为“天下第一行书”（图 45）。

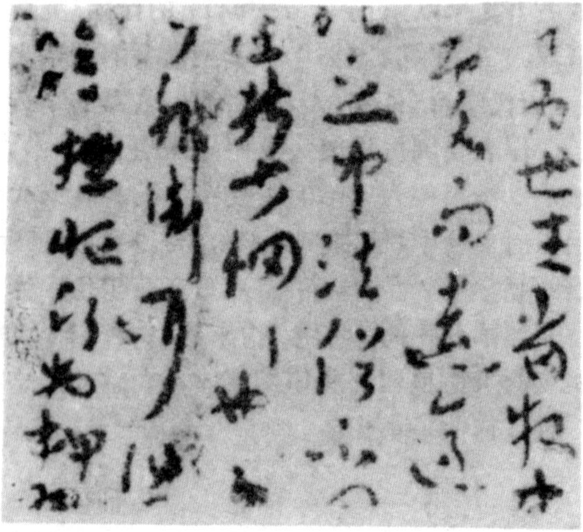

图 44　楼兰《为世主》残纸

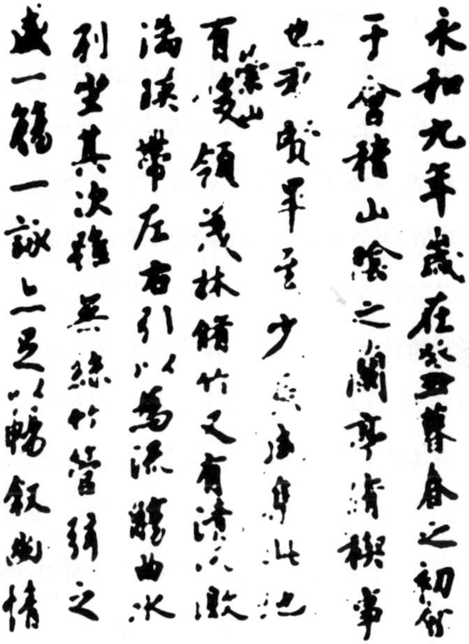

图 45 兰亭序（部分）

（五）简易律和区别律

汉字在使用与发展的过程中，一直受到两条规律的制约。一条叫作“简易律”，就是写字的人希望写得快，节约时间，这样就要求汉字的形体简单易写，于是造成汉字的一种演变趋向——简化。

简化表现在哪儿呢？

我们知道，汉字来源于图画。汉代的许慎已经指出汉字最初的特点是“依类象形”（《说文解字·叙》），就是说，按照自然界的物类的形状来造字。既然仿照大自然，字形必定是烦冗复杂的，如果真要用来记录汉语，必定很不方便，所以在最早的成熟汉字——甲骨文里，我们就能发现好些逐渐简化的字形。例如早期甲骨文的“马”字写作、，马的口、耳、眼、躯干、足、尾都有，甚至鬣毛和蹄子也有所体现，细致得很。可想而知，刻写起来是十分费事的，于是在甲骨文后期就有写作的，简单得多了。这个字到西周金文中就写成，只剩下不象形的线条了。在小篆中写成，隶书中写成馬，楷书写成馬，后来更简化为马。可见，汉字的简化，是由图绘变为线条，由象形变为不象形，由较为繁复的符号变为较为简单的符号。

汉字的字体演变，也大体显现出简化的倾向：小篆是对甲骨金文的简化；隶书是对小篆的简化；楷书是对隶书的简化。因为，虽然形体结构差不多，可是改变了笔画的造型和写法，加快了书写速度。草书、行书对于楷书的简化，则在形体结构和书写速度两方面兼而有之。

从总体上说，简化是汉字发展中体现出来的主要趋向。

另外一条规律，叫作“区别律”，就是认读的人，希望汉字的形体明确，音义明确，彼此之间要有区别，以便辨认理解，从而达到实现汉字表达功能的目的。这条“区别律”，在某种程度上具有使汉字繁化的作用。一方面，它使形体相对简单的汉字被加上不同的部件加以区别，或是强调字音，或是强调字义。形声字的产生，主要就是为使被假借的独体汉字所承担的各个字义（词义）得以区别，而独体字被加上声符或形符，结构当然就繁杂了。如“其”字在古文字阶段写作、，像一只用竹子或树枝编织的簸箕，可是后来它常被假借用作虚词“其”（义为“其他”“他的”），为了表示区别，原先那个代表“簸箕”意义的“其”，反而要加上一个“竹字头”，写成笔画较多的“箕”了。又如“然”字在古文字阶段写作，下部有个“火”，本义是“引火点着”“燃烧”，可是又常被假借作代词（“这样，那样”）或形容词（“对，是的”）。这些假借意义甚至比本义更常用，后来用作本义时就再加“火”字旁作“燃”，形符“火”就变得重复了。另一方面，区别律又使汉字的数量不断增加，我们还用以前提到过的例子：一个“辟”字被区别意义，分别写成“僻”（偏僻）、“避”（躲避）、“闢”（开辟）、“譬”（譬喻）之后，就由一个变成了五个，因为“辟”字自身仍然在使用，如复辟。正像生了儿子之后，做父亲的并没有就此死去，而是组成了一个大家庭。

区别律造成的繁化之后，简易律又来起作用了。例如“闢”字后来又被简化为“辟”等。

汉字就是这样，在简易律和区别律的相互作用下，不断地发展、演变，逐渐形成了今天这个样子。

六、正俗字·古今字·异体字·繁简字

汉字是一个庞大的系统。点画、部件、个体，逐级构成了这个系统的网络。随着社会政治、经济生活的发展，文化教育的演进，书写工具和材料的改良，这个网络的每一部分都处于不断的变化之中，由此影响着整个汉字系统的进化。和生物界的进化规律一样，汉字系统的进化，总的说来也体现着“优胜劣汰”的规律。这种进化的最终方向，在于更好地适应记录汉语的需要。这是汉字作为一个系统的宏观的发展规律。本书还要专辟一节“汉字与汉语关系的发展”，来对此加以阐述和介绍。

但是，如果要了解汉字系统内部的发展变化，又必须是具体的、微观的，从点画、部件到单个的汉字，从形体结构到书写风格，诸种因素都要加以全面考察。本章要介绍的几个术语，也就是汉字发展过程中产生的几种现象，将有助于这种考察和了解。

（一）正俗字

在漫长的中国古代社会里，文字曾经只是作为统治阶级的统治工具，被国家政府、帝王公卿所使用，本身就是权力的象征，运用于庄重肃穆的场合。在这种场合下出现与使用的汉字，形体结构和书写风格都必须是正式的、规范的，也就是官方所认可的，因此可以把它视为正体。现在我们所能看到的粗具系统的最早的汉字正体，应该算是出现在商代中后期的青铜器上的铭文。这些铭文虽然都很简短，有的只是族氏名称，也就是族徽，带有浓厚的图画性质（上文已有介绍），但都写（画）得工工整整，一丝不苟，体现着器物主人及整个氏族的尊严。在殷墟甲骨文的早期，即商王武丁时代，刻写的也大体是汉字的正体，有的学者曾用“壮伟宏放”四字来形容这种正体的整体风格。

这种正体，在青铜器铭文中保留得较为稳定，这是因为礼器多施于祭祀，用途比较隆重，而且要“子子孙孙永宝用”。甲骨文则有所不同，虽然也是宫廷乃至商王亲自所用，但使用时效短，占卜另外事项时就换用新的甲骨。由于多属“一次性使用”，而且占卜次数频繁，所以后来刻写人员就不免讲求便捷，在能被官方（商王）认可的范围内，能快就快一点，比如马、牛、羊等动物用字，只要保留它们各自的“区别性特征”，能认出即可，用不着过于细腻地描绘刻画，于是“马”字就由写成了，“牛”字从写成了，等等。这样，就出现了汉字正体的变体。

这种变体，往往出现在较为下层的书写汉字的人员手下，例如一般的史官、卜筮人员，相对于商王等最高统治者而言，他们是比较大众化的，因此叫作“俗”。所以出于他们手下的汉字正体的变体，也就称为俗体。

随着商王朝的逐渐衰落，殷墟甲骨文俗体化的倾向也逐渐明显。而相对于商王朝中央政府所在的殷墟，作为带有隶属关系的周原地方政权，虽然也使用甲骨文，却更加追求其刻写的简便快捷，形体方面也有不少变化，汉字的俗体化更有强化的趋势。

从汉字历史来看，原先的俗体字后来往往可以取得正体字的地位。这通常依靠政治教化的力量。例如周王朝灭掉商王朝，取得中央政权后，王庭的礼器铭文上，就出现了不少原先只是见于周原甲骨文的形体。前面说过，小篆作为秦王朝官方的正体，在其形成过程中，也吸收了诸如“商鞅方升”铭文那样的民间俗体。

随着新的正体字的推广使用，新的俗体字又不断产生。例如作为殷墟甲骨文俗体的周原甲骨文的某些形体，到了西周、春秋时期的金文中成为正体，而战国文字相对于西周、春秋时期的金文，又产生并存在大量的可以视为当时俗体的汉字形体。

隶书，作为汉代用字的正体，是从秦代的俗体秦隶演变来的。楷书，作为后世直至今天广泛使用的正体，是从后期汉隶的俗体，经历了魏晋南北朝的演变才定型的。在北魏碑铭之中，也有许多俗体字，有些并在行书、草书中得以保留。楷书在唐初成熟而成为正体后，在民间随即又有俗体字产生，例如 19 世纪末在甘肃敦煌发现的唐代民间文书中，就能看到不少俗体字。

所以正体、俗体的对立统一，彼此的消长转化，可以说是贯穿汉字发展史中的一条相当重要的线索。

（二）古今字

汉字是我们祖先集体的创作。开始的时候，也许杂乱无章，有许多只是一人一时一地所使用，没有得以通行就消亡了。至今发现的甲骨文形体有 4000 多个，可识的不足

2000 个；金文形体将近 4000 个，可识的也不过 2000 出头。这 2000 多个汉字，应该是受到当时社会承认、得以通行并且流传后世的。这样看来，上古时代通用的汉字数量并不大。就现存的一些先秦古书的用字情况而论，也是如此。例如记录孔子言行的《论语》一书，总字数大约 20000 个，所用单字才 1500 多个；记录孟子言行的《孟子》一书，总字数大约 35000 个，所用单字为 1800 多个；记录鲁国历史的《春秋》连同为它作注解的《左氏传》《公羊传》《穀梁传》，总字数超过 25 万，使用的单字才有大约 4000 个。如果除去为数不少的人名、地名等专用字，那么通用的、记录一般语词的汉字数量就更少了。

我们知道，语言是伴随着人类的产生而产生的。北京猿人已有 50 万年的历史，山顶洞人距今也已有 1.8 万年；到了 2000 多年前的春秋战国时代，语言一定高度发达，词语及其反映的概念也很丰富，用字绝不止于三四千个。那么，为什么使用的汉字数量如此有限呢？

原来，正如我们在第四章谈“六书·形声”时说过的，古代通用的汉字，常常是一身而兼数职。同一个字既用来记录词的本义（即造字本义），又用来记录词的引申义。同时，经常还要记录与其造字本义毫不相干的其他音同义近的词（就是“假借”）。为了便于辨认、区别，于是人们就将原先的字加上种种的部件，如见—现，受—授，止—趾、址、沚，辟—僻、避、闢、譬、擘等；也有的是变换原字的部件，如说—悦，赴—讣，陈—阵等。这样，就造出了许多新字。新的字与原先的那个字，在时间上有古、今的差别，所以称为古今字。又因为这些新字足以区别古字所记录的词义，所以也叫作区别字。

既然只是区别，所以今字产生之后，古字也不因此死去，而是共同成为汉字系统的成员。自然，汉字的字数则因此而孳乳增多。

关于字分古今的观点，最早可以说是东汉许慎提出来的。他在《说文解字》里时常有“古文”如何如何、“今文”如何如何的论述。当然他说的古文、今文也有特定的含义，例如古文包括战国时的六国文字、今文包括当时的俗体字之类。但是《说文解字》中确曾收录了一些现今意义上的古今字，如知—智，昏—婚，反—返，错—措等。这也可见所谓“今字”，有不少已拥有悠久的历史。

如前所述，许多今字（新字）是在古字上增添表示意义范畴的部件（形符，即义符），因而造成形声字，原先的古字成为今字的声符，这种情况最多。也有的是变换部件，成为新的形声字，但声符一般不变。所以古今字之间，多数是既有读音上的联系，也有形体上的联系。这一点使它们与多数只是具有读音上的联系（音同或音近）的“通假字”得以区别，例如，蚤—早，矢—誓，信—伸，鹵—鲁，就只是通假字，而不是古今字。

（三）异体字

在用汉字记录汉语的时候，曾经发生这样的情况：不同地方、不同的人在最初记录某个词时，创造、使用了不同的字。由于是记录同一个词，那么这些字的读音和意义都是相同的，只是形体不同。如果这些字都被承认，加以通行，那么这些字之间，就形成了异体的关系。

所以，异体字就是指一组音义完全相同，只是形体有别的字。在任何情况下，这一组字可以彼此互相代替。

异体字的差异，首先在于运用“六书”造字的方法上的不同，例如：鬲（象形）—曆（形声）、㡀（指事）—[illegible]（形声）、泪（会意）—淚（形声）、岳（会意）—嶽（形声）。

其次，运用同一种造字方法时，使用的部件不同，例如：猪—豬、敕—勅、踪—蹤、猿—猨，彼此都是形声字，但前两组是形符不同，后两组是声符不同。

再次，同一个部件，写法有所不同，例如：花—芲、恒—恆、朵—朶、污—汚—汙。

最后，还有部件乃至点画的写法相同，但排列的位置不同，例如：凡—凢、群—羣、和—咊、鹅—鵞—鵝。

不过，这一点要说明的是，有时相同的部件排列位置不同，就成了音、义完全不同的两个字，而绝不是异体字了。例如："棘"和"棗（枣）"不同，"猶"和"猷"不同（虽然"犭"和"犬"都是犬旁）。这也是汉字又一个特别的地方。

依照我们的定义，异体字的判定是比较严格的。有些字虽然可以记录同一个词，但它们各自又有特定用法，不能通用，这就不能认为是异体字，例如：酤和沽，游和遊，雕、彫和凋，等等，都属于这种情况。

（四）繁简字

繁简字就是同一个字，写起来笔画有多有少，多的叫繁体字，少的叫简体字或简化字。

只要不变成另外一个字，同一个汉字的笔画或多或少是常有的事，例如：亂—乱、啓—启、氣—气、網—网等。

汉字的繁简现象，上文已然提及，在甲骨文里就时常遇到，例如“星”字早期曾有五个小口，也有只写两个，就是简体字了。

在汉字不同的书体之间，存在的繁简现象更是普遍，例如草书可以说是最大限度地减省笔画，后来有不少草书形体被行书、楷书吸收，为社会普遍接受而成为通行的简化字，例如：专—專、书—書、马—馬等。

为了广大群众学习和使用汉字方便，运用政府的力量，有意识而较大规模地推行简化字，是历代尤其是进入现代社会以来常有的事。这一点下文还要专门进行介绍。

20世纪50年代以来推行使用的简化字，与相对的繁体字之间存在种种关系，这里初步归纳三点：

第一种，繁简字是一对一的，比较单纯，例如：爱—愛、笔—筆、罢—罷、习—習等，这可以说是大多数。

第二种，繁简字虽是一对一，但是一方的特有用法，不能让另一方代替，例如：云—雲，都可用于“云彩”，但“子曰诗云”的“云”不可写作“雲”；后—後，都可用于“前后”，但“皇后”的“后”不可写作“後”；干—乾，都可用于“干净”，但“乾〔qián 前〕坤”的“乾”不可写作“干”。

第三种，繁简字是多对一的关系，多个繁体字不能通用或混淆，例如：当—當（应当）、噹（拟声词），坛—壇（土台）、罎（陶器），发—發（发射）、髮（头发），干—干（盾牌）、乾（干净）、榦（树干）、幹（干劲），等等。

以上所述关于正俗、古今、异体、繁简的几种现象，都是在汉字发展的历史中常常发生的，也是古书和现代文献中多见的情况，因此是了解汉字所必备的知识。但就这几个术语来说，又常常只是同一现象从不同角度而做的考察和说明，彼此间不免有所交叉，例如：俗体字有许多是正体字的简化字；今字有许多是古字的繁体字（就其可以通用的范围说）；异体字之间，多数表现为繁简写法不同。诸如此类，是不难理解的。

七、汉字与汉语关系的发展

汉字具有字形、字音、字义三个要素。但只有字形基本上属于它自己，有自己独立的发展规律，而字音、字义都只是它所记录的汉语的词的声音（语音）和意义（词义）。语音和词义发生变化，字音和字义就都要发生变化。打个不一定恰切的比方，汉字和汉语的关系，好比衣服穿在小孩身上，小孩渐渐长大，衣服的尺寸和式样也要发生变化。当然，衣服是要去掉旧的小的，制作新的大的，而汉字对于汉语的关系却能长久适应，不断更新。

有一点似乎值得提出来讨论，就是：我们认为汉字与汉语具有最大程度上的适应性，汉字是汉语最好的记录工具；但是不能说过头话，认为汉字与汉语完全一体，达到彼此成为纯粹内在关系的地步。我们知道，语言的产生，远远早于文字。语言随着人类的产生而产生，起码具有 10 万年的历史，而文字充其量也不过才问世几千年。同时，语言远比文字复杂，不可能成为一体无别的关系。汉字与汉语的关系，也是如此；比如直到现在，还存在若干“有音无字”的现象，在汉语的诸多方言中尤其常见。

可以设想，最初应该有过一个汉字只记录一个词、只具有一个音的时期。随着汉语的发展和汉字为适应这种发展而发生的变化，这种单纯一对一的时期很快就结束了。在我们今天所发现的最古老的汉字——甲骨文中，汉字和汉语的关系就相当复杂了。

由于汉语的发展，促使汉字记录汉语的方式，也发生了一定的变化。

（一）语音的发展造成的汉字字音的变化

语音在现代来说，有普通话与方言的不同，也有读书音与口语音的区别。这些也体现在字音上。例如一个“日”字，东北人读成“一”，湖北人读成“二”，上海人读成“十”；一个“血”字，按读书音读 xuè，如“血海深仇”“我以我血荐轩辕”，按口语音则读 xiě，“受伤流血”。

更明显的区别是古今语音的不同造成古今字音的差异。比如中国古代的诗歌讲究押韵，可是不少古诗今天念起来却不太押韵，有的甚至于完全不押韵了。例如下面这首五言绝句：

家临九江水，来去九江侧。
同是长干人，生小不相识。

——崔颢《长干曲》之二

这首诗的韵脚是“侧”和“识”。它们在今天普通话分别读为去声和阳平，韵母也不同，是不押韵的。可是在崔颢生活的唐代，它们都是入声字，韵母也相近，是可以押韵的。入声字大约从元代起，就在北方话中逐渐消失了，如今大致只在南方某些方言里有所保留。

汉字的大部分属于形声字，就是一个形符，一个声符。绝大多数形符和声符也都是可以单独存在的字。最早造形声字的时候，声符和形声字的读音是一致的。可正是由于语音的发展，作为声符的字的读音与形声字的读音常常发生不同的变化，使得声符不一定能准确地表音了。最典型的例子是许慎在《说文解字·叙》中介绍“六书”的“形声”时所举的两个字：江、河。“江”的声符是“工”，“河”的声符是“可”。在古代，江工、河可的读音是一样的，但今天读来，却大不相同。因此同一个字作为声符，今天在不同的形声字里，有的能准确表音，有的能近似表音，有的则几乎无法表音了。例如同一个“土”字作声符，在“吐”“钍”（一种金属元素）中是表音的，在“肚”“杜”中近似表音（起码是押韵的），在“社”“灶”中就完全不能起声符的作用了。对于汉字的认读，中国民间常有“认字读半边”的说法。“半边”指的就是形声字的声符。现在我们要知道，只认读“半边”是靠不住的，往往要出错。这也是由于汉语语音发展导致汉字字音变化的一个方面，是我们了解汉字时要特别加以注意的。

此外，也是由于历史的原因，某些汉字在记录同一个汉语词的时候，却具有不同的读音，例如“波浪”的“波”有 bō、pō 两音，“厚薄”的“薄”有 bó、báo 两音，“贝壳”的“壳”有 ké、qiào 两音。这样的字，叫作“异读字”。这种异读字，没有区分意义的作用，徒然增加学习和记忆的负担，是必然要加以整理和精简的。经过整理，以上例子中的异读字现在的规范读音分别是 bō（波）、bó（薄）和 ké（壳）了。

（二）词义的发展造成的汉字字义的变化

我们知道，汉字的造字本义（即字形体现出来的意义）往往是和它所记录的这个词的本义一致，例如“休”字是

“人靠在树边”，表示“休息”，这也就是“休”这个词的本义。可是，词汇是语言中最敏感的部分，词义是不断变化的，于是影响到字义的变化，汉字与汉语这方面的关系也就复杂起来了。

首先，由于词义有古今的变化，因此字义也有古今的差异。例如“江”字和“河”字最早专指长江和黄河，后来用来指所有的江和河；“坟”字最早指高出地面的土堆（包括大堤、坟墓等），后来专指坟墓了；“狱”字最早指案件（打官司），后来变为指监牢了。这是字义的范围发生了变化。

其次，词义在本义之外又连带产生了其他的意义（叫引申义），这些意义都保留在同一个汉字中，因此使得这个汉字成为“多义字”，例如上面说的“休”这个词，由本义“休息”，使用时很自然地引申出“停止”，如“罢休”的意义，因为休息的时候，其他的劳动就停止了；又引申有“快乐、美好”的意义，如“休戚相关”，因为劳动疲乏时，人们认为休息一下是快乐而美好的事。这些意义后来都保留下来，“休”字就成了“多义字”。

多数的多义字等于记录了汉语里的多个词，也就是说，它由“专职”记录一个词变成“兼职”的了。例如“花”

字可以表示“花朵”，也可以表示“花费”，如“花钱”的意思，这两个“花”的意思，是没有关联的，是两个词。

还有的多义字“兼职”情况更为复杂，不但所代表的词的意义不同，连读音也不同了。例如同一个“说”字，在古代汉语里代表三个读音不同、意义也不同的词：shuō（说话）、yuè（喜悦）、shuì（游说）。到后来，给 yuè 另造了一个“悦”字，但 shuō 和 shuì 还是用的同一个“说”字。这就叫“多音多义字”。对于多音多义字，要根据不同意义来读出字音，不能出错，因为这是汉字在记录汉语的历史中的特殊现象所形成的规则。

（三）词的形式的发展造成的汉字性质的变化

以上说的都还是一个汉字记录一个汉语词的情况。这种词都是单音节的。我们知道单音节词在汉语中是比较大量的，是汉语尤其是古代汉语的重要特点之一。但是随着社会生活的发展，单音节的词显得不够用，而且也容易因同音而混淆，如试、士、市、室、世、势、适、饰等词，在古代都可以单独使用，但它们今天都读 shì 的音，口头交际中是很难区分的。实际上，汉语里早就把它们复合化了，组成考试、兵士、城市、教室、世界、形势、合适、装饰这样一些双音节词，就区分明白了。由于单个的汉字只代表汉语的一个音节，两个汉字才记录汉语的一个双音节词，这样，汉字与汉语词的关系更不是一对一的了。

后来，汉语双音节的词越来越多了。再有，许多外来而被汉语吸收的词，更往往是双音节以上的，例如尼古丁、白兰地、歇斯底里、可口可乐、布尔什维克、英特纳雄耐尔等。汉字所以能继续起到很好地记录汉语的作用，那是因为可以用两个或两个以上的汉字来记录汉语的双音节词以及多音节词。

在本书前面介绍汉字性质的时候，我们讲过汉字是一种“表词文字”，正是这种特性使它走上与世界其他古老文字完全不同的道路。可是在上述情况中，单个汉字却不是单独、直接成词的，也就是说，汉字在它服务于汉语的历史过程中，部分地改变了自己的性质。可是，这时候的汉字已经发展成熟，它的前进方向已经不可逆转了。而且，就基本的方面说，在多数情况下可以认为它还是一种表词文字。

总而言之，尽管汉语由于社会和历史的原因而不断发展、不断变化，而汉字也能随之发生变化而适应汉语的发展。纵观汉字和汉语关系的全部历史，二者基本上是和谐的。

八、汉字和中国古代文化

汉字是一个服务于汉语表达的书面符号系统。这个系统由于基本上始终保持着它的表意功能，以及形、音、义合一的特点，具有超越时间和空间的神奇效用，因而成为中国社会，尤其是汉族社会发展的见证。从某种程度上说，汉字是中国社会多姿多彩的投影，汉字可以反映汉族人民从心理、礼俗到生活习惯的许多情况，提供了解中国社会和文化发展的许多线索。以至于有不少专门研究汉字的学者认为："解释一个汉字常常就是做一部中国文化史。"

在介绍这方面内容的时候，我们将特别注意考察单个的汉字和它的下一层次——部件之间的关系，因为此处最能体现出汉字随着社会的发展和民族心理状况而孳乳演进的事实。并且可以看出，汉字的孳乳发展绝非杂乱无章，而且具有一定的逻辑序列。结构有联系的汉字往往也具有意义上的联系，所以某一类社会文化现象往往联系着某一组汉字。

（一）天干和地支

首先，我们在汉字中不难寻觅到中国远古社会的生产与经济生活的某些遗迹。例如中国的历法早在公元前 23 世纪至公元前 21 世纪的尧舜时代就已经建立，它的特色之一是运用 10 个天干和 12 个地支的配合来纪日和纪年。本书在“甲骨文”中曾经介绍过这一类“干支日历表”，包括这 22 个干支的名称。

这 22 个代表干支的字，大都是假借象形字来表示的。从字形来看，其中“寅（）”是箭，“午（）”是杵，“酉（）”是酒樽，“辛（）”是一种刻刀，“戊（）”和“戌（）”是两种铜兵器，“丁（）”像一根钉子，“庚（）”像一种铜制的乐器。这说明造这些字的时候，中国已经进入了铜器时代。从“铸造”的“铸”字的部件中更可以看出这一点：它的古文字字形作，是个会意字，表示两只手，是冶炼用的坩埚，是燃着火的器皿（炉子）。全字显示了冶炼工匠手持坩埚将要进行浇铸的图景，确实是反映中国古代社会生产情况的不可多得的史料。

（二）从禾苗到 China

以农业立国，也是中国社会一个古老的传统。作为计算时间的一个重要单位的“年”字，古文字写作，是由两个象形字“禾（）”和“人（）”组成的会意字，表示一个农夫扛着收获的庄稼归家。这说明上古的人们把每次收获庄稼的时候作为“过了一年”的标记，可见对于农业生产的高度重视。此外，还不难从中窥见由于生产水平的局限，农作物只能每年耕种、收获一次的事实。现代汉语中还存有“年成”一词，说的就是每年庄稼的收成。表示“季节”的“季”，就是“禾”的“子”，即幼小的未成熟的禾。因为季节相对于年头来说是小一级的，所以后来“季”也可以用来指称排行（年龄）最低的人。

以代表农作物的“禾”字作为基本部件构成的汉字还有不少。例如“秉（）”字表示一个人手里拿着一株禾苗，所以它的基本意义就是“持有”“拿着”。“兼（）”字表示一个人手里拿着两株禾苗，是把两株禾合并在一起，所以“兼”有“合并”“并列”的意义。

进而由“兼”作为基本部件再加象形字偏旁组成的新

字，大多仍然保留这种意义，如：“缣〔jiān 兼〕”是用两种丝线合织的纺织物（绢），“鹣〔jiān 兼〕”是一种比翼双飞的鸟，“鳒〔jiān 兼〕”就是比目鱼。这些字的产生，也都与中国作为农业国对于纺织和渔猎的重视很有关系。

顺便提及一下：由“兼”的基本意义孳乳出的“缣、鹣、鳒”三个形声字中，“兼”又是充当声符的。所以汉字形声字中的声符，有的也兼有一定的意义，是想了解汉字的人不可不知的。

还有一个相当重要的“秦”字，现在只能从它的下部存留的“禾”看出与农业有关了。这个字的古文字写作，是两只手举了杵舂着收获的禾的图像；所以“秦”字有“粮食很多”的意义。春秋战国的秦国，也正是以此得名。秦国位于现在中国的陕西一带，这里一直有“八百里秦川”的说法，历来作为中国的一大粮食生产基地。正因为秦国粮食充足，国力富强，所以最终由秦始皇统一了中国，建立了秦朝。一直到汉朝，西域各国还称整个中国为“秦”。现在世界各国称中国为 China，这个名称的语源，正是“秦”字。因此，中国作为古老的农业国的形象而立于世界民族之林，真是源远流长了。

（三）“羊”的地位

汉字中有一组以“羊”为基本部件所孳乳的字，可以看出羊作为古代畜牧业发达时的重要牲畜在中国古人心目中的地位。“羊”在古文字中显示出的是它的头部的形状：、。祭祀时把“羊”放置在神位（示，即“礻”）旁边，就是“祥”字，表示吉祥如意；戴着羊角作为装饰品，就是“美丽”的“美”字（下部的“大”表示一个正面站立的成年人）。许多文献和考古材料证明，世界上许多原始民族都有头戴兽角（羊角、牛角或鹿角）以为美饰的习俗，如非洲南非联邦的少数民族就有戴牛角的，有的还在牛角下面再添一双羊角，这可以认为是原始民族最早萌生的一种审美习俗。有一个“羌”字，也是表现一个戴着羊角的人（），指古代中国境内的一个少数民族，据说这个民族是专门以牧羊为生的。“養”（今简化作“养”）是“羊”下边一个“食”字，把食物给羊吃，就是畜养的意思。表示“善良”的“善”是个由“羊”和“言”组成的会意字（），最初也是“吉祥”的意思，大概造字者认为如果羊能开口说话，必定是一种大吉之兆吧！这个字又加一个部

件“肉（月）”成为“膳”字，表示“伙食”的意思，说明羊肉在中国古人的伙食中是受到特别的欣赏的。这一点，还可以举出三个字作为例证，即：羞、鲜、羔。“羞”的古文字作，是用手拿着羊表示进献美好的食品（这个字后来有“羞愧”“害羞”的意思，乃是假借义）。而“羊”与“鱼”合成“鲜”，更是指鲜美的食物了。“羔”字，现在指小羊，而在古文字中作，是把羊放在火上烧烤，所烤的往往正是小羊，如同现代某些地方的名菜“烤乳猪”之类。

这一组最后要提及一个“群”字，我们觉得也很有意思。它的本义是羊群，随后可以泛指人群、群众。有人认为这是个“从羊君声”的形声字，但也有人认为是个“从君从羊”的会意字。根据后者的解释，“群”字就是指君主统治下的一群驯服的“羊”了。在中国长期的封建社会里，这种解释真是一语道破了统治者对于人民大众的看法和做法。

（四）鼻子·扫帚

现在要叙述的一组字，是以“自”字为中心而孳乳的。“自”，最早是“鼻子”的意思。这个字在甲骨文里写作、

，一道鼻梁，两个鼻孔，活生生是个鼻子的形状。后来这个字多用来表示指“自己”，即“我”，因为人们做自我介绍时，常常用食指指着自己鼻子的部位。同时，专门表示鼻子的字，则是在“自”字下加个“畀”表读音，写成“鼻”。“自”下加“心”是个“息”字，表示气息，当然也与鼻子有关。

谜语是中国人喜爱的一种历史悠久的智力游戏。汉字由于结构复杂，变化多端，常被用作制造谜语的材料，叫“字谜”。有一则字谜是：“只因自大一点，惹得人人讨厌。”谜底是“臭”字。“臭”的本义是气味，后来多指难闻的、令人讨厌的气味。中国人讲求谦虚，认为自高自大是被人讨厌的。不过，从文字学的角度看，“臭”是“自”和“犬（狗）”组成的会意字。古人早就发现狗的鼻子最灵，最能辨识气味，而气味与鼻子有关，所以“臭”字得带个“自”作为组成的部件，后来又加个“口”组成“嗅”字，是专指辨别气味的动作。

由“鼻”所合成的字也很有趣味：劓〔yì 义〕，从鼻从刀（刂），用刀割掉犯人的鼻子，是中国古代的一种刑罚；鼾〔hān 酣〕，是睡觉时打呼噜，从鼻子里发出粗重的气息；齁〔hōu 侯阴平〕，是使鼻子到喉咙都感到不舒服的味道

(如太咸或太甜)；衄〔nǜ 女去声〕，是鼻孔出血，一种常见病。

为了说明中国社会对妇女的传统看法，我们要介绍一组为数不多的以“帚”字为中心的汉字。“帚”的古文字写作，是扫帚的形状，是放置扫帚的支架。这个字就是扫帚的象形，名词。后来加一个“手（扌）”字成为“掃（扫）”，指用扫帚扫地的动作，动词。

最有意思的是加“女”字为“婦（妇）”，指妇女。中国很早就进入父系氏族社会，男女分工极为严格，有所谓“男治外，女治内”的说法，或者叫作“男耕女织”。这从汉字的构造上很可以看出来：“男”字是在“田”里用“力”干活的人；女人即“妇”，是在家中用扫帚扫地的人。当然，后者的劳作远不止于扫地，还要织布、做饭、带孩子、喂养家畜……

(五)“天人合一”的思想折射

汉字也在一定程度上直接、间接地表现了古代中国人的思想特点和思维方式。

中国古代哲学的精义之一，是“天人合一”。对于这个命题，可以有许许多多的诠释。我们取其本义而言，“天”就是大自然，“人”就是人类自身。在大自然与人类之间，存在许多共同之处，乃至可以合而为一。这就是“天人合一”的朴素含义，是先民们对于人类和大自然关系的质朴的理解。

这种理解直接地体现在汉字造字中，就是在早期汉字里，“天”字竟是用人的形象来体现的，甲骨文写作，金文写作，都是一个正面站立的人像，突出了他的大脑袋。许慎在《说文解字》中解释道：“天，颠也。”（一部）天就是人头顶上方的无垠的空间。天的意象，是通过人的形象来体现的。另一方面，我们也不难看出：在古人眼里，天是具有人的性格的。因此，在中国上古时期，山川林木、江河湖海、风雨雷电，举凡自然界中的重要物类，都被先民们赋以人格、尊为神祇而加以崇拜、祭祀。

另外，中华民族一向崇尚伦理道德。伦，就是人伦，指人与人之间和谐的关系。这个“伦”字是怎么来的？原来，它与水字旁的“沦”字同音、同源。三点水的“沦”是“水的小波纹”的意思。当微风吹拂着水面，看那缓缓的涟漪，具有动感，却又那么平静谐调，先民们于是联想到人世间，人与人的关系也应该是具有动感而又和谐，于是造出了同音的“伦”字。不消说，人字旁表示它专用于人与人之间。

与“水”有关的，还有一个潮水的“潮”，早先写作“淖”，《说文解字》给它的解释是：“水朝宗于海也。”（水部）古人把海水因受太阳和月亮引力而定时涨落的现象，看作跟人世间臣子对帝王定时朝见的现象一样，仿佛自然界的事物也有尊卑上下的等级差别，由此我们可以获知中国古代社会的等级观念是多么根深蒂固。

中国先民具有直觉思维的特点，善于接受大自然的启迪。这种启迪，通过汉字间接地折射出来了。从人和自然的关系应当和谐这一点说，古老中国的“天人合一”的思想观念和思维方式，作为东方哲学的代表和精华，在当今的现实世界里，受到国际社会的日益重视和关注。

（六）从“幺”体现的思维方式

有关“幺〔yāo 夭〕”字的孳乳演进过程，使我们能体验到中国人的逻辑思维方式。“幺”的古文字作，是丝线的象形。它的孳乳路线有两条，一条是具体的，如“丝”是两束丝的并合，泛指丝织品。“系”的古文字作，是一

只手抓住两束丝的会意，用以表示事物之间的联系。“亂（乱）”的古文字作，表示上下两只手（）在架子（，与上述“帚”字中间搁扫帚的架子形状相似）上整理丝线。纷乱的丝线经过整理而获得秩序，所以“乱”这个字既有“纷乱”的意思，又有“治理”的意思。“樂（乐）”的古文字作，表示木制架子（底座）上的弦乐器（弦就是用丝线做的），后来又加表示鼓形的，作，有鼓有弦，自然成为音乐。音乐给人带来快乐，所以“乐”又表示“快乐”。

“幺”的另一条孳乳路线是抽象的：由于“幺”作为丝是细小的，所以“幺”有“小”的意思，加“力”成为“幼儿”“幼小”的“幼”。在“幺”的上方加个盖子，成为“玄”，细小的东西又被遮盖，就黑暗无光了，同时也显得神秘，于是“玄”有“黑色”“昏暗”“玄妙”等意思。公元3至5世纪中国的魏晋时代盛行一种糅合道家与儒家理论的哲学思潮，当时的一般人们感到非常深奥，所以称之为“玄学”。从“幺”孳乳出“幽”，是小小的两根丝掉落在大山里边，自然更看不见了，所以“幽”有“隐蔽”“深藏”的意思。中国人用“幽默”一词翻译英语的 humour，除了语音的相近外，是我们认为这种令人觉得有趣或可笑而又含有深刻意义的言谈或举动，必须是含蓄深沉而非肤浅外露的。再有一个“幾（几）”字，也有“微小”的意思。这个字的下部是个“戍”，指兵器。一个微小的人竟靠近兵器，是难免发生危险的，于是“幾”又有“危险”的意思。

（七）“合”字的哑谜

我国有一部著名的古书，叫作《世说新语》，记述的是汉魏两晋时期名人文士的言行逸事。里边有一则故事说的是魏武帝曹操有一回得到别人馈赠的一大杯奶酪，他喝过一口，就在杯子盖上写了个“合”字，给他的臣僚们，测验他们的智慧。众人都不知道是什么意思，只有一个聪敏过人的谋士杨修，端起杯子就喝了一口，说道：“主上写的‘合’字，乃是吩咐我们‘一人一口’呀!”杨修解开这个“合”字的哑谜，根据的是隶变后的楷书字形。在中国最早的字典《说文解字》里，“合”则被解释为一个合体的会意字，由“亼”和“口”组成。“亼”是三条等长的线段的相合，下加“口”是指上下嘴唇的相合。现代汉语使用的“会集”“开会”的“会（會）”字，繁体的上半部也有一个“亼”，是这个字的意义来源。

“合”字加“人”字，组成“佮〔gé 革〕”，是人的相合，指配偶；加“门”字为“閤”，是两扇门的相合，门里头住着全家人，所以有“閤家”的说法，指“全家”；加“水”字为“洽”，是水流的相合、会集；加“言”字为“詥〔hé 合〕”，是言语的相合，即“和谐”；加“羽”字为“翕〔xī 希〕”，是鸟儿将要起飞时收合羽翼的一种动作；加“皿”字为“盒”，是一种有盖子、可以上下相合的器皿。

这一组字的最后，是一个加“礻”的“祫〔xiá 匣〕”字。“礻”即“示”字，在古文字中写作示，是祭祀中的神位（在上文介绍“祥”字时已见过这个部件），汉字中凡是“礻”旁的字大都与礼仪有关。“祫”则是指一种将祖先不论亲疏远近，统统合起来加以供奉祭祀的礼仪。可想而知，中国的古人在祭祀祖先时，一般的情况下是要分别亲疏远近而加以各种不同祭法的（甲骨文中就有许多反映不同祭法的字，但不少已经失传了）。这是我们从“合”字的孳乳演进过程中得到的又一条收获。

（八）拆字与政治斗争

我们既然知道，大多数汉字是由不同部件所组成的合体字，所以也就不难明白事情的相反方面：即汉字具有可分解性，所分解出的部件，也往往是具有意义的单体字。中国人于是乎就很善于运用汉字的这一特性进行语言的表达交流，例如汉字的同音字多，姓氏字也如此，中国人在别人问起自己的姓氏时，往往采用汉字的分解法。如姓 Zhāng 的常自称“弓长张”或“立早章”；姓 Xú 或 Xǔ 的常自称“双人徐”或“言午许”，因为这两个字的读音太接近了。

汉字的这种可分解性，在中国历史上造成了一些特殊的具有神秘气氛的社会现象，这些现象往往与上层的政治斗争联系在一起。例如公元 1 世纪初，西汉王莽篡了刘姓皇帝的权，建立“新”王朝，害怕政局不稳，就说“劉（刘）”这个字是“卯金刀”，即由三个字组成，于是他不许老百姓使用“刚卯”（一种用金玉或桃木制成，用以避邪的佩饰），不许继续流通一种叫“金刀”的货币。当然，这种可笑的迷信行为并没能挽救他的迅速失败。公元 2 世纪东汉末年，献帝刘协即位，据说京都洛阳就开始流传一首童谣：“千里草，何青青；十日卜，不得生。”“千里草”合起来是个“董”字（“艹”是“草”字作构字上方部件时的写法），“十日卜”合起来是个“卓”。看来当时的政治舆论已经认定扶植刘协上台的大军阀董卓必将由于残暴而不得善终。根据在中国脍炙人口的古典小说《三国演义》的描写，董卓后来被他的干儿子吕布杀死，由于他的肥胖，死后还被愤怒的百姓在肚脐上点火当作灯烧了好几天。以后历次的改朝换代，常有一些类似的政治预言，如唐朝皇帝姓李，就有“十八子，坐天下”的说法。这多数是政治家或巫士预先炮制，运用汉字的可分解性所做的文字游戏。

汉字的可分解性甚至导致在中国产生一种专门职业——拆字，属于占卜算卦一类。从事这种职业的人，被称为“拆字先生”。他们的做法，通常是让求卜的人随意写一个字，然后将这个字分解（也可以与别的字合成），说出一番道理，用以预测求卜者的前程凶吉。例如科举考试是隋唐以后中国的知识分子一生的重大事件，未考之前是普通百姓，考试通过叫作“中”，就有做官的可能。因此许多人在应考之前，难免要去占卜一番。有个故事说，两位读书人一起去占卜。其中一位先写了一个“串”字给拆字先生看，拆字先生认为“串”可以分解为两个“中”字，这一年他一定能够高“中”两次（科举考试分为不同的层次和阶段，有时一年内可以有不止一次的等级考试）。这时另一位读书人也想得到几句恭维，也写了同样一个“串”字。不料拆字先生板起面孔说：“阁下不但不能高中，而且即将灾祸临头。”赶紧请教缘由，回答道：“刚才那位先生是无意中写的‘串’字，阁下则是故意书写的。故意，就是‘有心’。‘串’下有‘心’，成了‘患’字，就是将有祸患了。”看来拆字先生的预测凶吉，还颇能结合心理的因素。

连皇宫也相信这种拆字。明代冯梦龙的《古今谭概》一书记载，12 世纪的南宋初年，有一位叫谢石字润夫的拆字先生，从家乡四川成都来到京师临安（今浙江杭州），因为替皇家和朝廷大臣测了几次字都很灵验，颇为闻名。但不幸的是他渐渐介入了上层的政治斗争，当时的宰相是曾经害死抗金英雄岳飞的秦桧。一年开春，皇家有人请这位谢先生测一个“春”字，他说：“秦头太重，压日无光。”这是说，“春”字和“秦”字的上半部都有“𡗗”，所以“春”的头也就是“秦”字的头，压在“日”上，“日”即太阳，在中国古代是专指皇帝的。谢润夫不满秦桧擅政，认为皇帝大权旁落了，所以来个借题发挥。这事随即被秦桧手下侦知，不久就将谢石陷害致死。

我国长期封建专制，历代常有“文字狱”发生。所谓文字狱，就是由于运用语言文字进行写作而招致的政治案件，其中也有因为汉字的可分解性而成为导火索的。最著名的一桩，就是清朝雍正年间（公元1723—1735年）的查嗣〔sì四〕庭案。查嗣庭原是江西正考官，有次出了一道试题，叫作“维民所止”，让考生以此为题写一篇八股文。试题是一句古诗，出自《诗经·商颂·玄鸟》。《诗经》是封建时代的“四书五经”之一，从那里面出试题，应该是很保险的。不料却有人告发，说“维、止”是“雍正”丢了头。于是雍正皇帝大怒，以“大逆不道”的罪名将查嗣庭逮捕入狱，妻子儿女充军为奴。查嗣庭惨死狱中，死后还被戮尸。由于他是浙江人，雍正皇帝还下令停止该省的科举考试若干年，连带他家乡的读书人都倒了霉。

（九）汉字的“塔布”——避讳

人类的社会生活中存在一种“塔布”现象。塔布是英语 taboo 或 tabu 的音译，意思是“忌讳”，即对“神圣”的或“不洁”的人或事物不可接近或直接接触，否则会招来超自然力量（鬼神）的惩罚。这是原始民族对客观世界、自然现象缺乏理解或无法理解而产生的消极反应。这种塔布现象也表现在语言文字方面，即对所忌讳的人或事物的名称，不可直接说出或写出。长期以来，在许多民族中形成了某些表达习惯，即使到现代文明社会，也还有许多委婉语（如“死”说“逝世、走了”；“月经”说“例假”等），就是语言“塔布”的孑遗。

中国古代先民，也很早就有因塔布心理而对语言文字的崇拜，本书开头讲述的古书记载关于仓颉造字时“天雨粟，鬼夜哭”的故事，就是一个明显的例子。进入封建社会以来，统治者为了维护封建观念和等级制度的尊严，更是注重汉字运用的“塔布”，制订并推行各种“避讳”规定。这既是中国古代文化的一个侧面，也对汉字的发展及古代文献的面目产生了某些影响，同时造成了一些奇特的社会现象。

封建社会中的避讳，主要指的是不得直书当代君主及其尊长的名字，必须用各种方法加以回避。一是改名，如秦始皇姓嬴〔yíng 赢〕名政，于是“政”字不能读去声，改读平声，连带同音的“正”也得改音，“正月”读如“征月”。晋代开国皇帝晋武帝司马炎的父亲是司马昭，于是相当一段时间内，“昭”字读作“韶”的音。二是改形，如孔子名丘，是封建时代的圣人，曾被封赠各种尊号，他的名字也得避讳，“丘”字省掉一笔写作“⺁”（读作“某”），作姓氏用的“丘”，一律加右耳刀旁，写作“邱”。三是干脆不让一般人用这个字，必要时改换其他字，如秦始皇父亲庄襄王名子楚，于是将楚国改称“荆”。楚汉之际有一个谋士叫蒯〔kuǎi 块上声〕彻，因汉武帝叫刘彻，就把这位前人改为蒯通了。汉宣帝名询，同音的常用姓氏“荀”字都不让用，战国时代的大思想家荀子（名况），本被尊称为荀卿，只好改为“孙卿”，幸亏汉代以后又改回来了。汉高祖刘邦的妻子吕后，名雉〔zhì 至〕。本来自然界有一种长尾巴的鸟就叫“雉”，为了避吕后的讳，改叫“野鸡”，一直用到现在。光武帝叫刘秀，连社会上通称的“秀才”，也改叫“茂才”。

历代帝王死后，他们的名讳叫作“庙讳”（这里的“庙”指的是供祖宗神位的场所）。宋代避讳盛行，庙讳字达 50 多个。宋太祖赵匡胤〔yìn 印〕的远祖、始祖、高祖、曾祖、祖、父等的名字，都在庙讳之列。不仅有这些本字的避讳，还有所谓“嫌名”，即与本字的读音相同、相近的字，如宋高宗赵构，嫌名就有遘、媾、诟、钩、够等 53 个字。这些都要昭告天下，加以回避。如有读书人在科举考试答卷中不慎触犯，自然只有名落孙山。

元朝统治者本是讲蒙古语，但接受汉族文化影响，也学会了使用汉字的避讳制度，如至元三年（公元 1266 年），距离南宋灭亡还有十几年，就公布了“回避字样”，共 160 多个。由于他们的母语没有声调区分，于是把汉语里不少因声调不同而读音不同的字，都当成了同音字。这样，“回避字”连同“随音旁避”的字，更不知有多少了！当然，规定得过繁过多，实际上就行不通了。

再就是普通百姓，尤其是读书人，对于他们的父、祖辈的名字，也要避讳，不能随便用。汉代司马迁的父亲名谈，于是他所著的我国第一部大型通史《史记》中，从头至尾找不到一个“谈”字，实在要提到汉初一个人物叫赵谈，就改称“赵同”。更有甚者，唐代青年诗人李贺，终其一生不肯去应科举考进士，原因只在于他的父亲名叫晋肃，“晋”与“进”同音！

由于不遵避讳或避讳不能合乎统治者心意的，轻则黜落，重则杀头灭族。历史上某些“文字狱”也与此有关。例如清乾隆四十二年（公元 1777 年）发生一件案子：江西举人王锡侯，就因为编著了一部字典叫《字贯》，“凡例”

中罗列了孔子及本朝各代皇帝的名讳，被乾隆皇帝斥为“深堪发指，大逆不法，罪不容诛”，于是杀头灭族，牵连被杀被关在百人以上，真是骇人听闻！

类似这方面的材料尽管非常丰富，我们却不宜介绍得太多，以免超出了本书的主旨和篇幅。但是上述的例子也足以使我们进一步认识汉字的特性及其与中国社会的联系了。这些特性，这种联系，可以说在全世界的文字发展历史上，都是独一无二的。

九、汉字与其他民族和国家文字的双向影响

中国是世界上仅有的几个文明古国之一。汉字作为中国古代文化的一个代表方面，从历史上看，对于中国境内的少数民族以及境外许多国家和地区，都产生了很大的影响，形成了一个所谓的“汉字文化圈”。

根据现有资料统计，从历史上到现在，借用汉字或模仿汉字而记录汉语以外的语言的文字，达到 20 种之多，使用情况也比较复杂，这里限于篇幅，只能选取少量事例进行简单介绍。

另外也要看到，历史上任何国家与国家、民族与民族之间的文化影响，都是相互的而不是单向的。汉字自然也不例外，所以本书也用少量笔墨，简要谈谈其他民族和国家的文化对于汉字的影响。

（一）汉字对历代少数民族文字的影响

1. 契丹和女真

契丹是我国古代北方的一个游牧民族。早在南北朝的史籍《魏书》中就有记载。唐代末年，契丹首领耶律阿保机统一各个部落，建立契丹（即“辽”）王朝，直到北宋末年才灭亡。

契丹王朝建立后，就参照汉字先后创制了两种不同类型的文字：契丹大字和契丹小字，并用来撰写和翻译过很多著作。可惜这些书籍都已失传了。

后来与契丹接壤的女真（即“金”）兴起，曾创制女真文字。女真文字是在契丹字直接影响和汉字间接影响下创造出来的。

下面是部分契丹字、女真字和汉字的比较，以见一斑：

汉　字　一　九　十　天　龙　年

契丹字

女真字

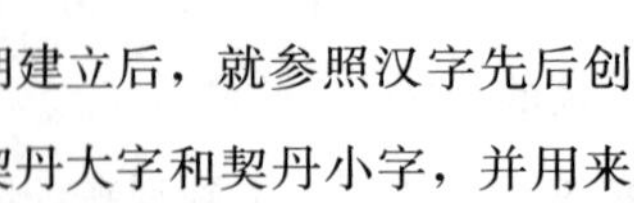

2. 西夏和元朝

北宋初年，在我国西北甘肃一带崛起了一个以党项族为主体建立的封建王朝，叫作“西夏”，它存在了将近200年。西夏也仿照汉字，创制了西夏文字，约有6000字。它的形体轮廓基本也是方块，也由点、横、竖、撇、捺等汉字基本笔画组成，甚至还有楷书、行书、草书、篆书等类似汉字字体的区别。西夏文的构字方法，有许多与汉字“六书”相同。

当时还有人编纂了多种类型的西夏文字典，包括《文海》《音同》《番汉合时掌中珠》等，成为今天研究西夏文字的重要资料。

西夏王朝后来被蒙古人所灭，西夏文字也就逐渐失传了（图46）。

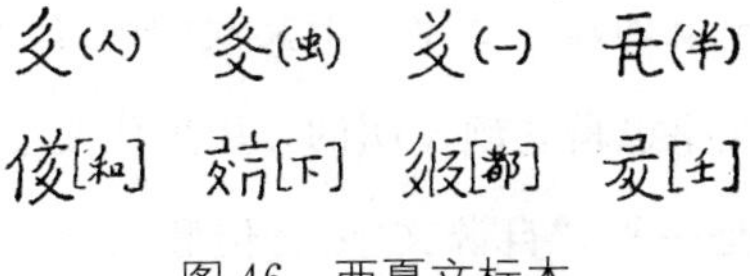

图46　西夏文标本

建立了元朝的蒙古人，在没有创制自己的文字之前，采用汉字的同音字加上一些特殊的标记，来记录自己的语言。他们有一部 12 卷的伟大著作《蒙古秘史》，就是用这种方法写出来的。后来，他们才有了自己的文字——八思巴字（图 47）。

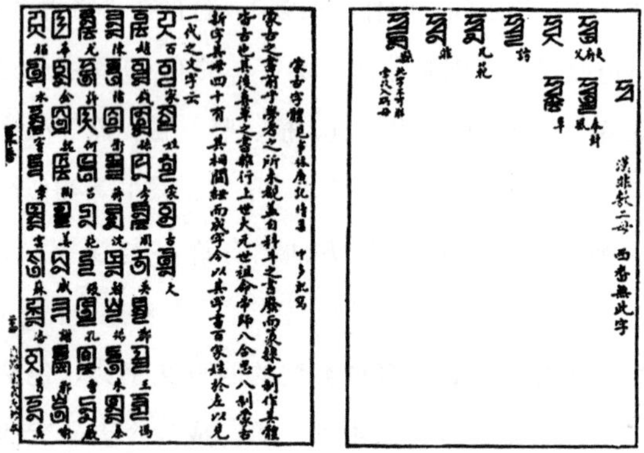

图 47　八思巴文文献标本

3. 彝族

彝族很早就创建了文字，上文我们曾经说过，彝族人认为他们的文字也是仓颉发明的，用现代文字学的观点来看，彝文也是一种“自源文字”，但和汉字“异源同型”，同为意音文字，关系密切。单个彝文的形体也是由笔画构成，同时同样具有部首以及象形、指事、会意等构字方式。下图是彝文的笔画示例（图 48）：

图 48　彝文标本

4. 壮族

主要生活在今天我国广西壮族自治区的壮族人民，在没有采用以拉丁字母为基础的拼音文字以前，长期使用一种叫作“方块壮字”的文字。这种“方块壮字”也是仿照汉字造出来的，多数是形声字，如“妑”字从“女”，表示这字是“女人”的意思；用“巴”作声符，表示这字在壮语中的读音与“巴”相近。“汏”字从“水”，是“河”的意思；用“大”作声符，表示它的读音。

南宋文学家范成大著有《桂海虞衡志》，记载了当时的“方块壮字”：

> 边远俗陋，牒诉券约，专用土俗书，桂林诸邑皆然。今姑记临桂数字。虽甚鄙野，而偏旁亦有依附。⿱不长(音矮)，不长也。⿵门坐(音稳)，坐于门中，稳也。⿱大坐(亦音稳)，大坐亦稳也。仦(音嫋)，小儿也。奀(音动)，人瘦弱也。歪(音终)，人亡绝也。孬(音腊)，不能举足也。⿰女大(音大)，女大及姐也。⿱不石(音磡)，山石之岩窟也。闩(音㯶)，门横关也。他不能悉纪，余阅讼牒二年，习见之。

5. 苗族

分布在贵州、湖南、云南、广西、四川和海南等地。历史上曾使用过汉字式的苗语文字，有学者称之为“方块苗文”，也是多用汉字的形声、会意等方法造字。这种文字，至今还遗留有三种标本：板塘苗字、老寨苗字、古文苗字（图 49）。

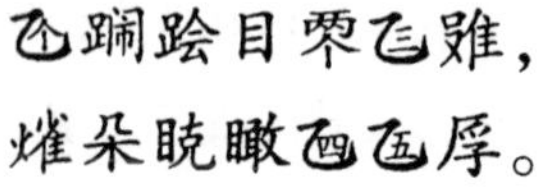

图 49　苗文标本（释文：一脚走去二三里，炊烟看见四五家。）

6. 白族

古代有“棘人”的名称，历史上曾建立南诏国和大理国，明代后也称“民家”，主要居住在云南大理一带。从公元 8 世纪的南诏时代起，白族民间就自造汉字式的文字，叫作“白字”或“白文”。唐宋元明各代的白字刻碑不少，至今还有留存。白字的形体较易辨识，如山作“嵎”，河作“溛”，水作“灉”等（图 50）。

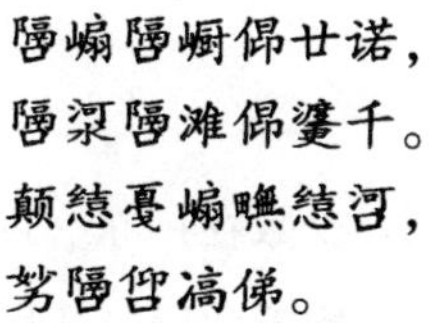

图 50　白文标本（释文：隔山隔岭我要翻，隔河隔水我要涉。有情高山无情何，分离咱兄妹。）

7. 水族

分布在现今我国贵州省某些地区的水族人民，在 1949 年以前所采用的文字，也是借鉴汉字，有类似汉字倒写、反写的形式，称为“水书”或“反书”（图 51）。不过，现在也早已改用拼音文字了。

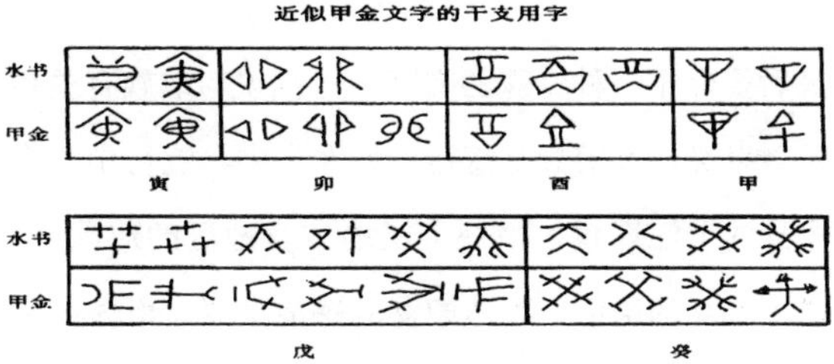

图 51　水书标本

8. 瑶族

多数分布在广西，少数在广东、湖南、贵州、云南等地，与汉族、壮族、苗族等共居。从唐代初期的贞观年间（公元 627—649 年）起，民间就流传着一种汉字式的瑶语文字，形体与壮字类似，用来记录本民族的传说和歌谣。因为瑶族居住分散，后来这种文字就逐渐消亡了。

瑶文中的会意字多为诠释性的，明白如话：
玿，嫩；畲，羞；坌，父；夆，母；㔃，疲劳；夽，六个人。
有的会意字是比较古老的比形法。如鸓，三鸟，会轰轰声。
形声字。
瑶文方字中的形声字不发达，如：
婔 ɕa，妇女；𦂳 đi，母亲。

9. 女书

最后要介绍一种特殊的文字——据说与瑶族有关系的女书。顾名思义，女书只是流行于妇女之中，流行中心在湖南省江永县的上江圩乡，是一个汉语方言地区的瑶汉共居地。女书描述妇女的生活，表达妇女的感情世界。形体则基本仿照汉字，是汉字的变异，应该说与上述瑶语文字也有一定的联系（图 52）。女书是世界文字百花园中的一朵奇葩，自发现以来，引起文字学界、社会学界的广泛注意，但是如今已然濒临灭绝的境地。

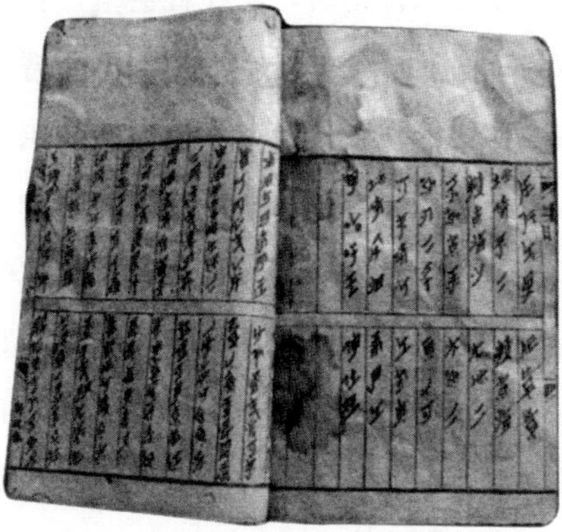

图 52　女书文献标本

（二）汉字对某些外国文字的影响

历史上，汉字对中国的邻邦如朝鲜、越南、日本等国家的影响也是巨大的。

1. 朝鲜

相传中国和朝鲜在 3000 多年前的西周武王时期就有来往。公元 1 世纪以前，朝鲜人已经接触到汉字。公元 5 世纪前后，汉字已经被用作朝鲜的文字。最初只是在贵族阶层中使用，到了七八世纪时，就在社会上广泛通行了。他们在使用汉字的过程中创造了一套借用汉字音义即以汉字转写来记录朝鲜语的规则，叫作“吏读”。有音译转写、意译转写、半意译半音译转写等规则。有些吏读词语难以从汉字字面上了解其意义，例如“孛缆”表示“风”，“白话”表示“申诉”之类。公元12世纪的北宋，有一位出使朝鲜的中国学者孙穆，编写了一部工具书《鸡林类事》，专门记录这类吏读词语，诸如“足曰泼，手曰逊”等等。直到公元15世纪，朝鲜人创制出自己的文字——谚文（图53）。但是长期以来，这两种文字是混合使用的。

2. 越南

在秦始皇统一中国之前，越南和中国已经开始接触。汉字大约在秦汉之际传入越南。长期以来，越南一直是使用汉字的。汉字是唯一的官方文字。越南的古代民族文化和历史资料，都是用汉字记录的。直到13—14世纪的时候，越南人才大致仿照汉字“六书”的造字方法，用汉字偏旁创制一种叫“喃字”（图54）的文字。所谓“喃字”，是一种在汉字形体的基础上，借鉴汉字的造字方法，并且

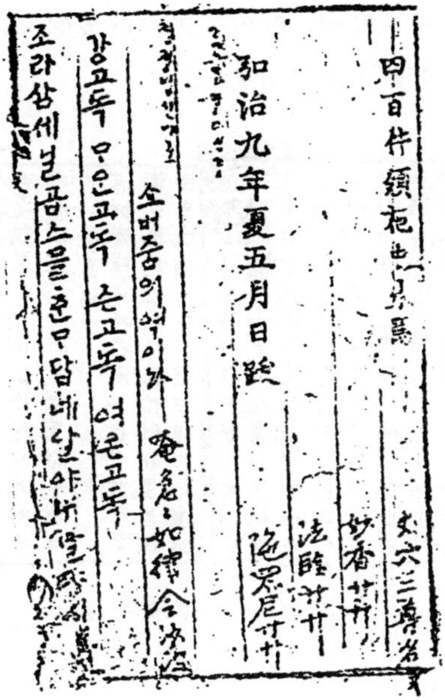

图 53　谚文文献标本

以汉越音为读音而创造的越南民族文字。因此我们不难想见它与汉字的亲密关系。例如“歪”是会意字，用“天”和“上”两个汉字构成，意思是“天上”。“𠀧”是形声字，读成“巴”，意思是“三”。19 世纪中叶，越南沦为法国的殖民地，殖民主义的语言政策使喃字逐渐衰落、消亡，代之为拉丁化的“国语字”，汉字更是废弃不用。但是近年来，为了更好地发掘、继承本民族的传统文化，越南国内许多学者都呼吁重新使用汉字。

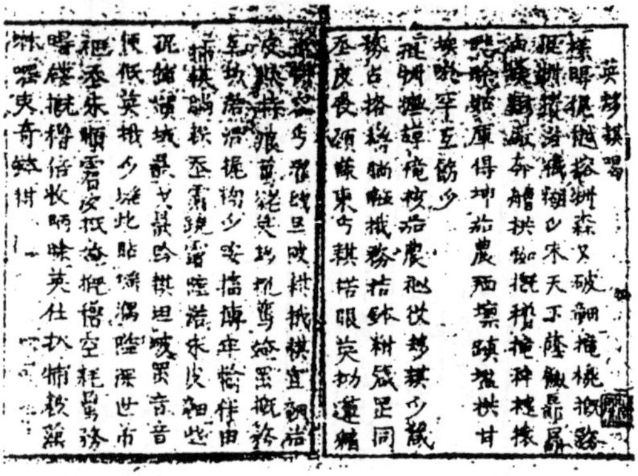

图 54 喃字文献标本

3. 日本

据史书记载，公元 3 世纪的应神天皇时期（相当于西晋武帝太康年间，公元 280—289 年），中国的一些典籍如《论语》《千字文》已经传入日本。这也就是汉字传入日本的开始。公元 478 年，日本倭王派遣使者来朝拜中国南朝的刘宋皇帝，奉交的国书完全使用汉字，文体也是当时中国盛行的骈体文。但是日本人利用汉字记录、书写日语词语，却有自己“本土化”的方式：或是借用汉字的字形和字音（音同或音近），而不管其字义，叫作“音读”；或是借用汉字的字形和字义，而不管其字音，叫作“训读”。大约公元八九世纪，日本人创制了日本语的字母，是利用汉字创制出来的，叫作“假名”，使用假名，原来只被视为权宜之计；与此相对，汉字却被称为“真名”，用来书写正式文章。

假名分为“片假名”和“平假名”两种。“片假名”是采用汉字楷书的写法，使用手写体楷书的偏旁，如：

片假名	ア	イ	ウ	エ	オ
汉　字	阿	伊	宇	江	扵
读　音	〔a〕	〔i〕	〔u〕	〔e〕	〔o〕

“平假名”则是采用整个汉字的草书写法，如：

平假名	あ	い	う	え	お
汉　字	安	以	宇	衣	扵
读　音	〔a〕	〔i〕	〔u〕	〔e〕	〔o〕

一个假名就是一个音节，按说可以用来拼写、记录作为音节黏着语的日语的全部语词，但是日语中的同音异义词也特别多，如果全部使用假名，也势必难以辨识，因此只能使用假名夹用汉字，使现行的日本文字，大体成为一种半拼音的文字。

此外，日本人还仿照汉字自造一些字，叫作“倭字”，如“辻”，意思是“街，十字路口”；“畑”，意思是“旱田”，等等。

（三）外族或外国文字对汉字的影响

上面谈的是某些外族或外国接受汉字影响的情况。实际上，汉族与其他民族或外国接触交往的历史，多数比他们开始借用或借鉴汉字造字的历史要久远得多，还有不少汉字文化圈以外的国家和民族也同汉族有过不同程度的文化交流。这些接触和交流，不可避免地在汉语汉字中留下了痕迹。汉语中有不少来自外国语和外族语的成分，许多语词如狮子、葡萄、苜蓿、枇杷、槟榔、没药（药名）、佛、菩萨、阎罗、魔鬼、站（驿站）、胡卢巴（药名）、祖母绿（玉名）等等，早在几百年乃至将近 2000 年以前就传入中国了。近代以来随着“西学东渐”，传入的新词更多，不胜枚举。

不过在多数情况下，汉语的使用者都是通过译音、译义或音义结合，运用已有的汉字对这类外来语词加以记录。但是有时候也为这类新词专门制造了新字。例如《说文解字》的“玉部”中就有一个“珋〔liú 柳〕”字，注为：“璧珋也，出西胡中。”据现代学者考证，它是梵文俗语velūriya（后译作“璧流离”或“吠琉璃”）汉译省称的新造专用字。古波斯国（今伊朗）传来一种花卉，原译作“抹利、抹厉、末丽、末利”，后来造出“茉莉”二字，成为规范词形，加草字头表示它们的意义类别是植物。又有一个“魔”字，则是梵文 māra 的汉译省称的新造专用字，唐代和尚玄应，编了一部佛经字典《一切经音义》，指出：“魔，书无此字，译人义作。”（卷二十一）说明是佛经的译者依义所造的新字。

近代俄国门捷列夫（Д. И. Менделеев，公元 1834—1907 年）的元素周期表传入中国以后，化学家们充当仓颉，更创造了许多新字，例如氯（chlorine）、氖（neon）、镁（magnesium）、钪（scandium）、砷（arsenic）、硒（selenium）等。这些字一般使用形声方法组造，如金字旁表示是金属元素，石字旁表示是非金属固体元素，气字头表示是非金属气体元素，其余部分则表示读音。这些新形声字构造合理，符合需要，很快就通行开了。

也有些新字是用其他方法创造的，例如管唧筒（即压水机）叫“泵”，原是广州人对英语 pump 的音译造字，取

“重石压水”之意，应是会意字。这个方言字，后来也被普通话吸收了。

可见汉语对于外来语的摄取、吸收是积极的，在这个过程中产生了不少新字，丰富了汉字的库藏。这是中外文化交流的一个侧面，值得我们重视并研究。

十、汉字在历史上的功与过

中国有一位语言学家赵元任（公元 1892—1982 年），曾经用现代汉语 ji 音节的词，编过一个名叫《饥鸡集矶记》的故事：

唧唧鸡，鸡唧唧。
几鸡挤挤集矶脊。
机极疾，鸡饥极，
鸡冀己技击及鲫。

机既济蓟畿，
鸡计疾机激几鲫。
机疾极，鲫极悸，
急急挤集矶级际。

继即鲫迹极寂寂，
继即几鸡既饥，即唧唧。

把这个故事所有的词，即使都标上声调念出来，因为都属于同一个音节，可以说是令人几乎完全听不懂的。但是用汉字写成书面，看起来就清楚明白了。这当然是赵先生带点玩笑而硬造的极端的例子。然而汉语中确实有太多的单音节同音词，据有人初步统计，现代汉语 yi 音节的同音词有 177 个，ji 音节的有 163 个，yu 音节的有 139 个，li 音节的有 133 个，xi 音节的有 130 个，zhi 音节的有 128 个，jian 音节的有 119 个，等等。这么多的同音词如果不在词形即文字上加以区别，是相当影响交际的。类似《饥鸡集矶记》的有趣例子，足以使我们认识到汉字在区别汉语同音词时的作用。

在多数情况下，一个汉字代表汉语中的一个词，字形、字音、字义结合在一块儿，便于独立使用。掌握了一个字，往往等于掌握了一个词。汉语中由一个单音节词作为“词根”，加上其他成分所构成的双音节或多音节词，可以由同一个汉字加上其他汉字来表示，如：车→大车、火车、汽车、班车、三轮车、自行车等，无论是词形的组合和词义的理解，都是再方便不过的。而在印欧语言如英语中，这些就要分别说成：vehicle、carl、train、automobile、regular bus、tricycle、bike（bicycle），显然是既不容易记，也不容易写的。

由于汉字与汉语高度适应的上述优点，汉字在我国历史上的功绩是很大的。

我国几千年的文明史，几千年光辉灿烂的民族文化，是依靠汉字记载下来的。中国古代的四大发明，还有无数的领先于世界的科技成果，也是依靠汉字的记载得以为后人所知晓。《诗经》《楚辞》，诸子百家，《史记》《汉书》，六朝乐府，唐诗、宋词、元曲，直至《西游记》《水浒》《红楼梦》《聊斋志异》等数不尽的文学、历史、哲学方面的世界名著，无论写的是文言文还是白话文，都离不开汉字的使用。它们已经成为全人类共同的精神财富。

更为难得的是，只要具备了一定的古代汉语知识，我们就可以直接阅读、欣赏和借鉴祖先给我们留下的这一份无比丰厚的文化遗产。这是由于汉字具有超时间的表现功能。在目前已知的全世界所有的文字中，在这一点上做得最好的只有汉字。

我国地域辽阔，幅员广大，除了少数民族之外，绝大多数人口使用汉语。汉语在各地具有不同的方言，有的地方相隔很近，但是由于方言阻碍，无法通话，可是使用汉字，就克服了这种阻碍。只要会认会写，人人都能用汉字进行交际。这说明汉字又具有超空间的表现功能。中国几千年来，虽然内部不时发生动乱和纷争，如同《三国演义》开篇所说的“天下大势，分久必合，合久必分”，但是由于汉字的维系，由于汉字所代表的文化的统一，始终没有分裂为不同的国家，这可以说是汉字的又一重大功绩。

我们在上面还专门介绍过历史上汉字被我国少数民族以及邻国借鉴和使用的情况。因此，汉字对促进汉民族与其他少数民族的交流融合，对整个中华民族的产生和发展，起了重大的积极作用。汉字对于我国与邻国的文化交流、友好往来以及保存这些国家的文化遗产等方面，也做出了一定的贡献。

汉字还使我国产生了某些独有的艺术，例如“对联”，俗称“对对子”，像“天对地，雨对风，山花对海树，大陆对长空”之类，就是利用汉字的各个独立，音节分明，声调匀称，可以相对整齐排列的特性而形成的一种语言形式。又如汉字丰富多彩的字体和形体，加上独具一格的书写工具和材料，经过我们祖先长期的创造和努力，使得它的书写成为世界上一门特别的艺术——书法。书法在我国具有悠久的历史传统，历代书法大家的艺术珍品，不仅丰富了我们的民族文化，也早已成为人类艺术宝库中璀璨夺目的明珠。

汉字在历史上的这些丰功伟绩，值得我们自豪和讴歌。长期以来，中国人民对于汉字是怀有深厚的感情的。

即使今天来衡量汉字，它的长处还是不少。例如，根据现代心理学和信息科学的研究，汉字由于形体各异，图像性强，便于视觉辨认和接收，所以阅读汉字读物的速度可以远远超过其他拼音文字。掌握了汉字之后，也不容易忘却。有人做过实验，同样是脑部听觉受损，中国病人仍能理解和书写汉字，而使用拼音文字的病人在书面语言方面所受的影响就十分明显。

再有，和其他文字比较起来，汉字由于其形、音、义的合一，所能携带的信息量是大为领先的。也就是说，在一定的信息总量中，汉字只需要较少的字数就可以负载完。据在联合国工作过的人们说，在所有的各种文种的文件中，中文版的文件总是比其他文版的薄。国内也有类似情况，某些用少数民族文字出版的报纸，六个版面的内容，汉文版不到四个版面就登载完了。

当然，汉字也存在某些缺点。

首先，正是由于汉字的每一个都具有自己的形、音、义，彼此大多不同，有的还不止一种（如多音多义字），必须一个一个地记，而汉字数量庞大，一般需要掌握六七千个，最常用的也在 3000 个以上，所以刚开始学习汉字时，往往感到汉字难认、难记。

其次，汉字笔画多，一般是 10 笔左右，多的超过三四十笔，因此，汉字也难写。

这样，学习汉字，入门是比较困难的，必须有老师一个一个地教，不便于自学。这就需要花费一定的财力和时间，在以往的旧时代里，这对于大多数维持生计尚且困难的劳动大众来说，是很难做到的。所以，我国历来文盲非常多，原因固然是多方面的，但汉字的难认难写难记难学，不能不说也是其中的一个因素。

汉字的超时间超空间的表达功能，使得汉字成为一种可以“目治”（即只用眼睛看）的文字，一定程度上脱离了口语，所以使得我们有些人（尤其是中小学生），不是按说话写文章，而喜欢写不文不白、半文半白的文章，影响了汉语的纯洁和规范。更为严重的是，汉字的读音可以因地而异，所以不能直接用来做推广普通话的工具。而对于我们这么一个疆域广大、人口众多的国家，如果不能通行一种民族共同语（普通话），也会在一定程度上影响经济的发达和人民生活水平的提高。

十一、汉字的规范和改革

汉字自从它产生之日起，就不断处于发展变化之中。随着语言中新词的不断产生，新字不断出现；随着书写习惯和书写工具的改变，新的形体和字体也不断产生。这些发展变化，都是广大汉字使用者集体创造的产物。这些创造在多数情况下符合汉字的发展规律，因而是有生命力的。但是也带有一定的主观随意性，给汉字的使用造成混乱和不便，从而影响社会的政治、经济和文化各方面的正常进行。战国时期严重的“语言异声，文字异形”，就是一个显著的例子。所以历代的中央政府，在一定的时候都要运用法令来对汉字进行整理和规范工作，这同时也就对汉字做了一定程度的改革。

汉字的整理和规范，主要包括规定每个汉字的正确形体，清理同一字中的异体字。秦始皇废除六国异体，推行小篆，是我国历史上第一次大规模进行的汉字整理和规范工作。秦始皇对这项“书同文”的工作高度重视，投入了大量的人力物力。他手下的重要官员如丞相李斯、中车府令赵高、太史令胡毋敬等悉数参加。当新的规范书体——小篆产生之后，马上让他们编出《仓颉篇》《爰历篇》《博学篇》等字书，供天下士子学习、使用。随着他时常外出巡视，又在各地（如泰山、峄山、会稽山等）树立用小篆书写的碑刻，当然主要是炫耀自己的丰功伟绩，同时也是尽量扩大小篆的影响，加速“书同文”的进程。

这次汉字规范工作的效果是很明显的，它很快结束了战国文字的混乱局面。现今出土的战国时楚国文字如长沙仰天湖楚简（图 55，左），形体结构给人以奇诡难辨的感觉，这也正是当时楚国地方文字的面貌。但再看几乎同在一地出土的长沙马王堆西汉帛书《老子》（图 55，右），时代间隔并不大，诸字的形体就相当容易辨认，地方色彩不能说没有，但是已经大为减弱了。这不能不认为是秦始皇“书同文”的积极效果的一个证据。

其后，西汉初年、东汉初年、唐宋以来，都有运用法令整理和规范汉字的记载。东汉熹平年间（公元 172—178 年）、三国魏正始年间（公元 240—249 年）、唐代开成年间（公元 836—840 年）等，都曾经刻立“石经”（图 56），作为汉字书写的规范。

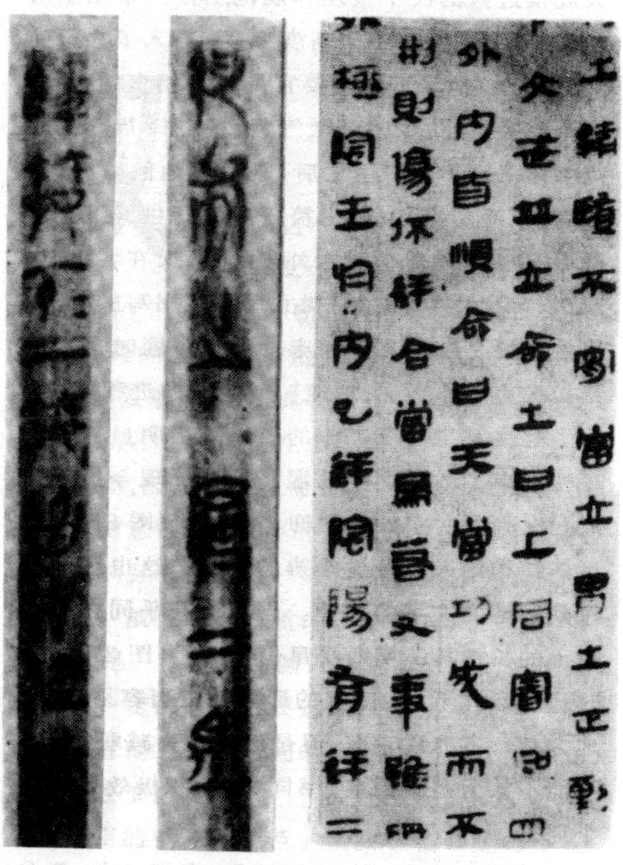

图 55 长沙战国楚简与西汉帛书书体的比较

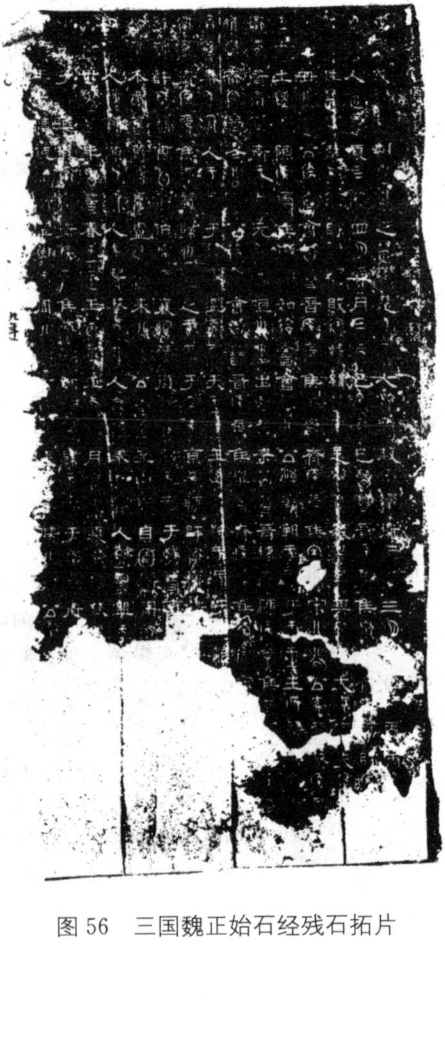

图 56　三国魏正始石经残石拓片

可是，做过一次整理和规范工作之后，新的变化又产生了。这主要是因为汉字本身在发展，民间在使用汉字的过程中，不断创造和流行与官方规定的“正体”字有区别的“俗体”字。“俗体字”多数是手写的简体字或草体字。这类新字的影响力是很大的，有时连官方文书和受过专门训练的知识分子笔下也不能避免，所以，在中国历史上对于汉字字形的整理和规范工作，大约每过几百年就要进行一次。

在汉字字音的整理规范方面，历代也做过一些工作。这里需先介绍一下汉字在古代的注音方法：长期以来，在我国没有拼音字母。对汉字的注音，最早是使用发音方法的描写，如某某字的读音，有的是“以舌头言之”，有的是“以舌腹言之”，后来使用直音，即用音同音近的字直接注音，如“宪，音献”，但是都不方便，也难以准确。东汉以后，受外来佛教文化的影响，发明了“反切”，就是把一个汉字分成声母、韵母和声调，用另外两个汉字分别代表，加以上下拼合，就得出这个字的读音，如“同，徒红切”，“徒”表示“同”的声母，“红”表示“同”的韵母与声调，用今天的拼音字母记录下来就是：徒〔tú〕＋红〔hóng〕→同 tóng。从南北朝起，历代大都运用“韵书”的形式

（如《切韵》《广韵》等），使用反切给汉字注音，从而对汉字读音进行规范。由于语音不断变化，所以古代的反切，到今天有许多已经不能直接拼合出准确的字音来了。

明朝末年以后，随着欧亚两洲航路的开发，欧洲一些国家的传教士纷纷来华传教，他们使用拉丁字母为汉字注音，学习汉语和汉字。后来，为了使教民能直接阅读《圣经》，也用类似方法做了一些扫盲工作。

鸦片战争使中华文明古国开始逐步沦入半殖民地半封建社会的境地。在一些开明士大夫和爱国知识分子中间，产生了一股变法维新、图强自救的思潮。这股思潮中的一个分支，是认为要使中国富强，就要“开发民智，普及教育”，而繁难的汉字对此是最大的障碍，因此就要“改革汉字”。现代意义上的“汉字改革”，就是由此起步的。

这种“汉字改革”，主要包括两个方面，一是进行汉字简化，二是进行汉字拉丁化。清末不少知识分子提倡简体字，“五四”以后逐渐形成了一个“简体字运动”。1935 年 8 月，当时的国民政府教育部经“行政院会议议决”和“中央政治会议核准”，正式公布了 324 个简体字。这批简体字的选择标准是：（一）依述而不作之原则；（二）择社会上比较通行之简体字，最先采用；（三）原字笔画甚简者，不再求简。这批简体字，后来因故没有施行。

在共产党领导的解放区，在识字和普及文化的运动中，一则确定、创造和采用了许多简体字，二则推行汉字的拼音化。20 世纪初的前后，有过一个“切音字运动”，曾经有一些热心人士，提出 20 多种汉字拼音方案。到 1913 年制订了一套“注音字母”，1918 年由当时的教育部颁布。这套注音字母包括 24 个声母，16 个韵母，大部分是采用汉字的偏旁作为形体。这套注音字母，目前还在我国台湾省等地区继续使用。1930 年以来，在部分地区和群众中间，还产生过一种“拉丁化新文字”。

1949 年以后，人民政府十分重视普及文化教育和汉字改革工作，专门成立了“中国文字改革委员会”（现改名为“国家语言文字工作委员会”），作为汉字改革的专门机构。1958 年，国务院总理周恩来对汉字改革提出了三项任务：一、简化汉字；二、推广普通话；三、制定和推行汉语拼音方案。

在有关政府部门和学术机构的推动下，这三项工作有了长足的进展，取得了一定的成绩。

简化汉字，包括精简汉字的笔画和字数。1955 年 1 月公布了《汉字简化方案（草案）》，并于次年被国务院全体会议通过。经过八年在全国印刷和书写的文件、书籍、报刊上的使用以及教学的实践，1964 年 2 月中国文字改革委员会编印了《简化字总表》，以《汉字简化方案》为基础，对简化单字以及简化偏旁进行了调整和类推，下分三个表：第一表有 352 个不作偏旁用的简化字；第二表有 132 个可作偏旁用的简化字和 14 个简化偏旁；第三表有 1754 个应用第二表的简化字和简化偏旁类推出来的简化字。这三个表共收入简化汉字 2238 个。这些简化字的笔画，比原来的繁体字减少了将近一半。

《汉字简化方案》对汉字的简化方法，初步归纳有如下几种：1. 保留原字轮廓，如以“龟”代“龜”，以“虑”代“慮”；2. 以部分代整体，如以“医”代“醫”，以“声”代“聲”；3. 更换形声字的部件，如以“痒”代“癢”、以“拥”代“擁”是更换声符，以“腭”代“顎”、以“猫”代“貓”是更换形符；4. 非形声字改为形声字，如以“惊”代“驚”，以“态”代“態”；5. 形声字改为非形声字，如以“灶”代“竈”，以“泪”代“淚”；6. 同音代替，如以“里”代“裏”，以“丑”代“醜”；7. 借用古体，如以“云”代“雲”，以“尘”代“塵”；8. 草书楷化，如以“东”代“東”，以“书”代“書”；9. 记号代替，如以“欢”代“歡”，以“义”代“義”，等等。

这些方法，有的在某些字上有所交叉，不过大致来说，都是历史上的群众创造，“古已有之”的。

精简汉字字数的措施，主要体现在两个方面，一是在现代汉语中不引起意义混淆的前提下，用笔画少的同音字代替笔画多的字，例如用“面”代替“麵”、“沈”代替“瀋”、“余”代替“餘”等。这样既精简了字数，又简化了字形。二是进行异体字的清理，消除许多汉字具有两个或多个形体的现象。1955 年文字改革委员会和文化部共同公布了《第一批异体字整理表》，废除了 1055 个异体字。

推广普通话和制定、推行汉语拼音方案的工作在很大程度上是紧密联系、相互促进的。1956 年 2 月，文字改革委员会在过去直音、反切以及各种拼音方案的基础上，发表了《汉语拼音方案（草案）》。制定这个方案的基本原则有三条：一是以北京语音作为语音标准。也就是，它所拼写的是以北京语音为标准音的普通话。字典、读物、课本上的注音都要以这种语音为标准。这样就为推行普通话创造了良好的条件。二是以音素作为音节结构。我们知道，一个汉字就是一个音节。所谓“音素”，就是组成音节的最小单位，如“妈”是由 m 和 a 两个音素组成，“飘”是由

p、i、a、o 四个音素组成。三是以拉丁字母作为字母形式。因为拉丁字母是世界上最通用的字母，是国际公用的文字符号，它笔画简单，构形清晰，便于书写。1958 年 2 月全国人民代表大会批准了《汉语拼音方案》，由它代替了 1918 年公布的汉字式的注音字母。

必须说明的是：《汉语拼音方案》的作用，首先是为汉字注音的，它不是代替汉字的拼音文字。它是拼写普通话、推广普通话的工具。《汉语拼音方案》可以作为国内各少数民族创制和改革文字的共同基础。它也可以帮助少数民族人民和外国人士学习汉语，以促进国内外政治、经济和文化诸方面的交流。此外，《汉语拼音方案》在汉字的电脑（电子计算机）输入、信息处理以及电信通信、音译中外人名地名和编制书刊索引等领域，都发挥着有效的功能和作用。

1982 年，“国际标准化组织”（ISO）经全体会员国投票通过，决定采用《汉语拼音方案》作为汉语罗马字母拼写法的国际标准，编号为“ISO－7098”。这意味着《汉语拼音方案》得到了国际社会的正式承认，因此将具有更加旺盛的生命力，发挥更大的作用。

在 2000 年 10 月 31 日第九届全国人民代表大会常务委

员会第十八次会议通过的《国家通用语言文字法》中则进一步确立了《汉语拼音方案》的法定地位，即第二章第十八条："国家通用语言文字以《汉语拼音方案》作为拼写和注音工具。《汉语拼音方案》是中国人名、地名和中文文献罗马字母拼写法的统一规范，并用于汉字不便或不能使用的领域。初等教育应当进行汉语拼音教学。"

有人担心汉字将被以《汉语拼音方案》为基础的拼音文字取代，这完全是杞人忧天。在曾经有过"汉字要走世界共同的拼音文字方向"提法的 20 世纪 50 年代，那时对于汉字尚且只是进行了一定程度的改革，主要是整理异体字和简化部分汉字，70 年代仓促公布的《第二次汉字简化方案（草案）》很快也得以废止；进入改革开放新时期以来，于 1986 年 1 月召开的"全国语言文字工作会议"，在其《会议纪要》中更是明确指出："在今后相当长的时期，汉字仍然是国家的法定文字，还要继续发挥作用。"汉字作为记录汉语的最好工具，在进入互联网时代以后其使用也是得心应手，是没有任何加以废止的理由的。

但是，汉字的教学与推广，需要《汉语拼音方案》的配合和帮助。实事求是地说，汉语除汉字外，另有一套拼音性质的辅助记录工具，又有何不好呢？语言学界前辈王力先生也说过："两套工具比一套好；汉字的法定文字地位不会因为汉语拼音的推广而被动摇。"

在《汉语拼音方案》被作为汉语罗马字母拼写法的国际标准之后，有关部门还制订出了《汉语拼音正词法基本规则》的国家标准，可以认为，汉语拼音已然成为记录现代汉语普通话的一种准拼音文字了。

十二、汉字的现状和前途

汉字在科学技术飞速发展，人类进入“知识爆炸”“信息时代”的今天，受到了严重的挑战。

20 世纪中期，自从电子计算机问世之后，西方的拉丁拼音文字顺利地实现了二进制的计算机的输入。然而，包含着形、音、义等特征信息的汉字，字形结构复杂，数量庞大，如何实现汉字的计算机输入，一直成为海内外计算机学界的一个难题。起码到 20 世纪 70 年代为止，科学家们还没有找到一种可以比较方便而又迅速地将汉字输入计算机的方法。但是，解决计算机汉字输入技术直接关系到计算机应用在中国的普及。电子计算机的推广应用则对汉字信息处理的要求极为迫切，尤其在办公自动化、事务管理、数据处理等领域，几乎完全离不开汉字信息的处理。可以毫不夸张地说，这个问题解决程度的如何，将关系到中国现代化建设的进程。

由于汉字在很长一段时间里，对于新的信息处理技术难以适应，显得步履蹒跚，因此受到了严厉的谴责，甚至被认为是振兴中华的绊脚石，似乎面临着被拼音文字取而代之的前景，连情有独钟、深深眷恋它的人们也一时无计可施。

“山重水复疑无路，柳暗花明又一村。”科学技术的飞跃发展给汉字的前途带来了崭新的机遇和图景。20 世纪 70 年代以后，由于半导体硅的运用和大规模集成电路的出现，电子计算机的运算速度和信息存贮量大为提高，硬件设备也出现了划时代的更新和改进，直接联机的输入键盘和荧光屏，代替了旧有的纸带、卡片打孔机和阅读机。这种技术上的提高，给汉字的计算机输入带来了曙光，开辟了广阔的天地。

计算机的汉字输入，目前已经获得三种主要方式：一是计算机键盘输入技术，二是汉字字形识别输入，三是汉字字音（语音）识别输入。在科学家的辛勤努力下，这些技术可以说都在逐步进展，正在孕育着重大的突破。

人们正在期待汉字计算机输入技术的新突破，而这种期待必将在不远的未来获得实现。

一旦解决了汉字的电子计算机输入，由于它的字形简短，字音（语音）明晰，字义信息量密集，必将在计算机应用的各个领域内大显身手，而受到世界范围内科学家和计算机使用者的特别青睐〔lài 赖〕。

因此，完全可以乐观地认为：汉字必将能够成功地经受现代高科技的挑战。

但是，需要对汉字做进一步的整理，建立“现代汉字”的体系，做好充分的准备，以便让汉字在高科技时代中发挥更大的作用。

对现代汉字的初步要求是实现汉字的标准化，即“字有定量，字有定形，字有定音，字有定序”。多年以来，有关部门和专家学者已经和正在采取措施实现汉字的“四定”：

一是“字有定量”，就是确定现代汉语用字的数量。书写规范化的普通话要用多少汉字？是哪些汉字？其中，哪些是常用字？哪些是次常用字？要做出一个标准的字表，这就需要做大量的统计。国内有关部门利用电子计算机，统计了大量的各种类型的抽样材料，得出一个 6763 字的《现代常用汉字表》（亦即《信息交换用汉字编码字符集·基本集》），收常用字 3755 个，次常用字 3008 个。将汉字进行这种分级“定量”的好处很多，例如能够节省电子计算机的汉字信息处理的人力和物力，能够加速新闻通信的消息传递，能够为印刷厂准备固定数量的字模，等等。尤其在汉字识字教学中，可以根据不同的阶段和要求，编写不同程度的课本，像“小学用字”大约抽取常用汉字中的2000多字，“扫盲用字”则大约抽取“小学用字”中的1000多字。由此可见，汉字的定量特别是分级定量是十分必要的。

二是“字有定形”，就是统一汉字的形体，使汉字字形规范化，这主要包括废除异体字，使用统一规定的简化字等。汉字的定形对于出版印刷、辞书编纂和汉字信息处理等方面都有很大好处。早在1965年，文字改革委员会和文化部公布了《印刷通用汉字字形表》。在此基础上，1988年国家语言文字工作委员会汉字处公布了《现代汉语通用字表》，为汉字印刷体字形制定了标准。

三是“字有定音”，就是规定每个汉字的规范化的标准读音。我们在前面曾经介绍过汉字存在多音多义字和异读字的现象。多音多义字用以区别字义，是难以避免的。但是那种不区别字义的异读字（如“波”的bō、pō二音），只会造成交际和使用中的混乱和困难，比如电台播音、字典辞书注音、汉字教学等都会有不少麻烦之处，所以应当选定异读中的一种读法作为标准音，不应多种读法并存。

因此，整理和精简异读字（也就是“异读词”）是字音（语音）规范化和推广普通话的需要。1956年，国家专门成立了“普通话审音委员会”，先后发表了三次《普通话异读词审音表初稿》。1963年把这三次发表的材料辑录在一起，题名为《普通话异读词三次审音总表初稿》，共审定了1100多个异读词（字）和190多个地名用字的读音，为汉语语音规范化和汉字的定音提供了很好的依据。通过实践，近年来对这个《审音总表初稿》还在进行修改和补充。

四是“字有定序”，就是确定现代汉字的排列顺序，规定标准的检字法。现行的汉字检字法主要有三种：部首检字法、音序检字法、四角号码检字法。不同的字典在使用同一检字法时标准往往不同，例如部首检字法的部首数目不同，归部及笔画计数的标准不同，笔画相同的字排列次序不同，等等。这些，就给字典辞书中汉字的查检以及编制有关汉字资料的目录、索引等均造成了不便，也迫切需要实行标准化。

鉴于20世纪50年代以来制订和公布的有关汉字整理及使用的规范文件不少，力度不同，角度有异，有必要对前期的汉字规范文件进行整合和优化，同时，改革开放新时期人民群众的语言文字社会生活对汉字应用的规范化、标准化、信息化也提出了新的要求；因此，新世纪伊始，教育部、国家语委启动了《通用规范汉字表》的研制工作，先后修改 90 余稿，于 2013 年 6 月由国务院批准发布。

在《国务院关于公布〈通用规范汉字表〉的通知》中指出："《通用规范汉字表》是贯彻《中华人民共和国通用语言文字法》、适应新形势下社会各领域汉字应用需要的重要汉字规范。制定和实施《通用规范汉字表》，对提升国家通用语言文字的规范化、标准化、信息化水平，促进国家经济社会和文化教育事业发展具有重要意义。"

《通用规范汉字表》包括主表和附表两大部分。主表共收 8105 字，分为三级：一级字表为常用字集，收字 3500 个，主要适应基础教育（包括义务教育）和文化普及的基本识字需要；二级字表收字 3000 个，为次常用字；这两级字表所收的 6500 字，可以基本满足现代出版印刷、信息处理以及社会生活的一般用字需要。三级字表收字 1605 个，主要针对姓氏人名、地名、科技术语、文言文用字等专门领域的用字需要。附表有两个：《规范字与繁体字、异体字对照表》、《〈通用规范汉字表〉笔画检字表》。

《通用规范汉字表》所收的字，都是运用语料库、计算机统计等现代科技手段，对现代汉字进行科学定量和分级，从而得到的。对于姓氏人名、地名、科技术语等领域的专门用字，则是通过向公安部、民政部、科技名词委等相关部门征集收录的，《规范字与繁体字、异体字对照表》吸收了先前汉字简化、异体字整理及其调整的相关成果，为海峡两岸及港澳地区信息交流和海外华人的汉字应用提供了方便，可以说是现代通用汉字整理与规范的综合性的最新成果。因此前引《国务院关于公布〈通用规范汉字表〉的通知》最后强调指出："《通用规范汉字表》公布后，社会一般应用领域的汉字使用应以《通用规范汉字表》为准，原有相关字表停止使用。"

一直以来，对于汉字在近数十年来伴随社会的发展而发生的变革，对于汉字的现状中的某些问题，还存在着一些不同的看法。比如，汉字简化的利弊如何？有人认为方便了群众和中小学生的书写学习，认为简化得还不够，还要继续简化；有人认为简化字不利于辨认，尤其使年轻一代不再认识繁体字，而绝大多数的古代文献是用繁体字保留下来而至今没有简体字版本的，主张去除简体字，恢复繁体字；还有人认为某些汉字简化得不够差强人意，如"简繁一对多"现象易于导致简繁字转换的错误，也不满于某些字形诸如"亲不见、爱无心、厂空空"等的理据丧失（其实，有不少简化字形都是具有历史来源的)；再有人提出多少带有折中的意见，主张既要能够认识繁体字，也要能够书写简化字，等等。

诸如此类的意见，除了少数带有某些成见之外，多数是出于对汉字及汉字使用的爱护和善意的思考，是语言文字的管理部门和相关研究者、工作者所应当重视并认真对待的。

对于汉字的前途，我们的看法是乐观的。汉字记载和维系着数千年的中华文化，又能经受电脑时代的考验，在未来可见的时间内，它将必然保持炽盛的活力，不会被其他任何文字所代替。所以，对青少年一代来说，完全应该更全面地了解汉字，学习汉字，掌握汉字，从而有效地提高自己的文化素养和语言文字的表达能力，在各行各业中为祖国和人民做出更大的贡献。

十三、历代的汉字研究概况

汉字，是中国人民的伟大创造，也是中华民族的宝贵财富。无论从历史的、现实的角度考察汉字，无论研究汉字本身还是研究与汉字有关的诸种学科，都可以做出许多大学问。以前，仅仅是研究东汉许慎的《说文解字》一书，就能形成专门学问，叫作“说文学”，可见人们对于汉字研究的重视。

早在春秋时代，某些政治家、思想家就能通过分析汉字来宣扬自己的政治思想和主张，例如《左传》记载，楚庄王说：“夫文，止戈为武。”（《宣公十二年》）就是说，他认为只有能止息战争的，才能叫作具有武力（即军事实力）。这说明他把“武”看成是从止从戈的会意字。当然这不见得是古代的造字本意，只是用以说明自己的主张而已。另外如晋国大夫伯宗说“故文，反正为乏”（《宣公十五年》），秦国医生和（人名）说“于文，皿虫为蛊”（《昭公元年》），都有类似用意。

春秋战国之际的思想家墨翟，说他能知道古代圣王的言行事迹，是怎么知道的呢？“以其所书于竹帛、镂于金石、琢于盘盂，传递后世子孙者知之。”（《墨子·兼爱下》）可见他把铸、刻、写于简帛、玉石和青铜器上的文字作为了解古代社会的史料，说明他作为思想家的眼光确实是很高明的。

战国以来，许多学者在他们的著作中，都开始探讨汉字的起源问题，如先秦的《荀子》《吕氏春秋》《韩非子》和汉代的《淮南子》《论衡》等书，都提到“仓颉作书”的传说。但是，由于缺乏对文字性质的正确认识，越是往后的著作，却越是把这个问题说得玄乎神秘。

对于汉字的整理，也早有人着手。据说西周末期的宣王时候，太史籀搜集了当时的常用字，编成押韵的句子，以便学童识字，叫作《史籀篇》。因为字体风格属于西周金文一类，后来有“籀文”的名称，就是因此而来的。

秦始皇用小篆统一天下文字时，让丞相李斯著《仓颉篇》、中车府令赵高著《爰历篇》、太史令胡毋敬著《博学篇》，都是推行小篆的规范字书。

在上述工作的基础上，关于汉字形体构造的规律即“六书”的理论也产生了。有一部作于战国时代的重要古书，叫作《周礼》，已经提到“养国子”（教育学生）要“教之六艺”，其中之一就是“六书”，但是没有具体阐明“六书”的内容。直到东汉才出现种种有关“六书”理论的说法，请参见本书第四节的有关介绍。

秦始皇为统一天下人的思想，采取“焚书坑儒”的政策，使古代文化遭到一大浩劫。当时有孔子的后代偷偷地把若干重要著作藏在孔子旧宅的墙壁夹道中，一藏就是一百多年。到汉武帝末年，该地的诸侯王鲁恭王想扩建自己的宫室，把相邻的孔子旧宅给拆了，发现了这一批古代著作，有《尚书》《礼记》《论语》《孝经》等书，都是被人尊崇的“经书”，用战国文字即所谓“六国古文”写成，与当时通行的隶书（今文）面目大不相同，一般学者难以辨识，于是有人说这是伪造的。由此引发了我国经学史，也是哲学史上重要的经今文和经古文的学派之争；同时，也促进了对于这些“古文”的学术研究，例如许慎就采撷〔xié鞋〕了不少“古文”形体的字加进他的《说文解字》里。

本书已经多处提到许慎。确实，他是汉字发展研究史上一位值得大书特书的重要人物。他尽一己平生之力编纂成的《说文解字》14 卷，不但是中国有关汉字的第一部字典，也是汉字研究的一部经典著作。历代以《说文解字》

为参照系而研究汉字的学者络绎不绝。民国初年有位丁福保编了一部《说文解字诂林》，收录有关《说文解字》的著作达 3000 卷之多。

汉代时候，各地“往往于山川得鼎彝”（《说文解字·叙》），就是说，商周青铜器多有出土。起初，这被视为神奇的祥瑞，献给皇帝，举朝欣悦。汉武帝曾因“得鼎汾水上”而改年号为“元鼎”。宣帝时，“美阳（今陕西扶风县境内）得鼎献之”，当时有一位京兆尹（官名）张敞，是古文字学家，对鼎上的铭文做了考释，揭破了笼罩在这一类出土器物上的神秘面纱。从此以后，宫廷以外的民间也开始收藏这些青铜器以及玉石、碑碣等古代文物，能对上面的文字进行考释研究的学者也越来越多。到宋代的时候，逐渐形成了一门学问，叫作“金石学”。著名女词人李清照的丈夫赵明诚，就是一位金石学家，写过一部《金石录》。夫妻二人时常吟诗赋词，摩挲［suō 梭］金石，切磋学问，真是其乐融融。金石学可以说是一门具有中国特色的传统学科，与汉字研究的关系最为密切。不过，金石学除了考释器物上的古代文字外，也要研究它们的器类、形式、制度、沿革以及辨伪、鉴赏等等，范围是比较广的。

古代帝王出于政治需要推尊经学，而将语言文字一类的学问称为“小学”，作为经学的附庸。但这并非鄙薄语言文字学，相反，传统习惯的看法是“文字者，经艺之本，王政之始”（《说文解字·叙》），对汉字一直存在崇拜心理。因此，小学得以蓬勃发展，最初只是文字学，后来分出训诂学、音韵学，与文字学鼎足而三，各有分工。大抵说来，文字学侧重字形，训诂学侧重字义（词义、语义），音韵学侧重字音（语音），但也互相交叉，彼此配合。这些方面的研究，很大程度上是以汉字作为基本单位和对象的。

西晋初期的武帝咸宁五年（公元279年），汲郡（今河南汲县）的战国魏襄王墓中出土了一大批用“六国古文”书写的竹简，后世称为“汲冢〔zhǒng 肿〕竹书”。经过学者研究，从中整理出古代著作75篇，但至今也只有《穆天子传》存世，其余也已基本亡佚了。

唐代初年，在天兴县（今陕西凤翔县）发现了春秋战国时的秦国石鼓。上面镌刻的文字，也引起了学者的重视和研究，后来叫作“石鼓文”（见前图29）。

宋代也是一个重视人文科学的时代，文化更为发达。除金石学得以奠基外，有徐铉〔xuàn 渲〕、徐锴〔kǎi 楷〕兄弟对许慎的《说文解字》进行了整理校订，并增补了420多个字。以编纂史书《资治通鉴》闻名的司马光，同时牵头编写了一部字典叫《类篇》，收字 31000 多个。陈彭年等人在隋代陆法言撰写的韵书《切韵》的基础上，扩充增益成《广韵》一书，是韵书，也是字典。还有一位学者洪适〔kuò 阔〕著《隶释》等书，是最早系统研究汉隶的人。这些著作，也可以说都是当时汉字研究成果的总结。

元明两代，这方面的研究及其著作，较为稀少，除了明末梅膺祚的《字汇》外，另有一位学者张自烈，编了一部字典《正字通》，引用了不少古文字材料。

清代是中国古典文化的全面复兴时期，文字之学也不例外。首先是“说文学”空前发达，成果卓著，出现了段玉裁的《说文解字注》、桂馥〔fù 复〕的《说文义证》、王筠的《说文释例》和《说文句读》、朱骏声的《说文通训定声》等代表性著作。其次，金石学的研究也形成了新的热潮，许多学者有意识地以古代器物上的文字“证经辨史”，大大增强了这门学科的科学价值。

尤其是清代末年，殷墟甲骨文出土，作为中国文化史上的重大发现，更促使汉字及其相关学科的研究进入了一个崭新的阶段。王懿荣和刘鹗（著名白话小说《老残游记》的作者）的主要功绩是发现、收藏和著录甲骨文。第一部考释甲骨文的学术专著是孙诒〔yí 怡〕让的《契文举例》。

其后，罗振玉（号雪堂）编著《殷墟书契》及《殷墟书契考释》等书；王国维（号观堂）著《殷卜辞所见先公先王考》《古史新证》等，以甲骨文材料重构古史框架；董作宾（字彦堂）八次主持安阳殷墟甲骨的科学发掘，所著《甲骨文断代研究例》提出甲骨文断代的十项标准，据此将殷墟甲骨文划分为五期，为学术界所接受，沿用至今；郭沫若（笔名鼎堂）则为有意识地运用马克思主义理论研究甲骨文进而研究中国古代社会的第一人，所著《甲骨文字研究》《卜辞通纂》，在学术上多有创获。这四位学者，字或号里同有一个“堂”字，所以统称为“四堂”。他们为甲骨文字的研究做出了很大的贡献。

“五四”以后，甲骨文字的研究持续发展，人才辈出，成绩较大的学者除上述“四堂”外，尚有于省吾、唐兰、容庚、商承祚、杨树达、吴其昌、朱芳圃、孙海波、陈梦家、徐中舒、胡厚宣、张政烺〔lǎng 朗〕、李孝定等。

以孙诒让、罗振玉、王国维打头的上述学者，大多在金文的研究方面也有重大的建树。由于近代以来，古器物出土的数量空前庞大，许多器物是经过科学的发掘而出土的，同时又引进了西方的一些科学理论和方法，这样就使古文字研究的整体水平大为提高。

通过诸多学者世世代代的努力，包括汉字研究在内的“小学”即语言文字学终于彻底摆脱了作为经学附庸的地位而成为现代意义上的独立学科，在中华民族的文化宝库中不断增添着饶有分量的储藏，使绚丽的中华文明之花绽放得更加鲜艳夺目！

后　记

本书原为任继愈先生主编《中国文化史知识丛书》的一种，1996年成书出版，至今已二十个年头了。现在商务印书馆国际有限公司拟将其抽出，有所修订并且单独出版，我认为于人于己都是一件好事，修订则是义不容辞的。

此次修订，根据近年来汉字研究和社会语言生活的发展，增加了若干相关的新信息，如古文字出土文献的新的考古成果、湖南江永女书的发现、《通用规范汉字表》的颁布、《汉语拼音正词法基本规则》的修订等，同时增加了若干图版照片，文字内容方面当然也有所充实，如金文和简牍部分都增加了识读举例，又增加了一些个人一得之愚的意见，包括汉字起源的多元性质、汉字与汉语关系如何更为恰切表述、出土古文字材料的分类、汉字的“兼义造字”方法，等等。

不过从写作深度和文字风格来说，总体上没有改变本书的普及读物性质。这是由于我认为：随着中国古代文化热的兴起和汉语走向世界，汉字作为汉语最好的记录工具、中国古代文化的最主要载体以及它本身就是中国文化的一个重要方面，越来越多的人开始对汉字感兴趣和关注汉字，大家迫切需要了解有关汉字源流演变、规范改革及方方面面的基本知识。目前这样的汉字普及读物不是太多，而是远远不够。当然，包括本书在内，质量更需要不断提高而已；比如说，如何真正做到“深其入而浅其出”，如何真正做到“外行看了能明白，内行认为没有错”，等等。

一直以来，就有一句老话，叫作“隔行如隔山”，很大程度上可以说是真理；尤其是在大众文化知识和文明程度不断提高的现代社会，这句老话的正确性更加凸显。一个基本的事实是：个人从事的专业工作以外的其他学科的基本常识，或多或少对于几乎每个公民都是必要的。也许有人认为如今国际互联网络发达，很多知识、信息和资料大可通过网络获得，可以不费吹灰之力；但是须知网络上的这些知识、信息和资料，绝大部分都是带有普及性质的，而且无一不是致力于科普工作的人们的劳动成果。因此，科学普及工作的必要性和重要性日益突出。作为学有所长的专家学者，都应该具有这方面的责任意识和社会情怀。我个人虽然学问有限，但是极其愿意与持有这种共识的同道们共勉，为提高我们国家目前还相对薄弱的科学普及事业的水平而共同努力！

感谢商务印书馆国际有限公司胡中文总经理的美意，使本书得以问世；由于本书涉及古文字字形颇多，排印和校对的工作量和难度不小，更得感谢责任编辑的辛勤劳动！

董 琨